VINCENT

Rachel Lambert
Avec la collaboration d'Adeline Fleury

Vincent

Parce que je l'aime,
je veux le laisser partir

Fayard

Couverture :
Conception graphique :
Antoine du Payrat.
Photographie de couverture : DR. Collection personnelle de l'auteur.

ISBN : 978-2-213-68247-1

À toi mon cœur et à notre merveilleuse fille
Avec tout mon amour

14 avril 2014

Mon amour,

Cela vient de faire sept ans que nous sommes mariés, quelques années de plus que nous nous aimons. On peut se demander ce qu'aurait fait la vie de nous si tu étais resté auprès de moi, cette vie nous aurait peut-être malmenés et nos caractères nous auraient peut-être fatigués, mais une chose est sûre, l'amour serait de toute façon présent, ce même amour qui est et qui grandit à travers notre fille.

Nous essayons de construire notre vie, et soudain, dans un déchirement, une autre existence nous emporte. Une autre existence pour toi tout d'abord et avant tout, une vie dans un no man's land avec ses douleurs insoupçonnées, pour moi, une autre vie dans laquelle tu m'as laissée. Une existence qui s'apparente à un terrain dévasté où seule pousse l'attente.

L'attente de quoi ? De qui ? Bien sûr de toi qui ne seras plus jamais à mes côtés. De quoi ? D'un apaisement de la souffrance des deuils qui s'imposent à moi. Le deuil de l'homme que tu as été, de notre vie à deux, à trois, des autres enfants que nous ne ferons pas, de la petite maison que nous aurions voulue, de l'intimité qui n'est plus, de l'espoir d'une possible guérison...

Tant de deuils, tellement nombreux que la liste serait non exhaustive, tant de plaies et de souffrances bien souvent tues. Que veux-tu, parfois il y a des souffrances difficiles, voire impossibles à appréhender... alors comment y apposer des mots ? Cette souffrance reste ma seule intimité et ma seule compagne, alors le fait de ne pas la partager comble peut-être le vide. La souffrance de ton absence est une compagne bien fidèle lorsque l'Autre et les autres se font absents, car bien sûr la vie s'est chargée de reprendre l'entourage dans son giron, elle m'a oubliée sur le bord de la route. La même route où tout a commencé (cette seconde existence) et où tout a fini (notre vie d'avant).

De par ton accident, tu as changé de statut. L'homme en pleine force de l'âge tout nouvellement papa est devenu un corps meurtri, à la conscience incertaine (ou minimale, plus médicalement parlant), ton âme (si ce concept existe) fluctue entre un ici et un ailleurs. Le corps que tu es devenu, chacun essaie de se l'approprier, chacun revendique le droit de décider ce qui est bon pour toi. On pourrait d'ailleurs croire que c'est ce que j'essaie de faire moi aussi... Je veux juste que tes volontés soient respectées, que ces volontés, ces convictions qui ont fait l'homme dont je suis tombée éperdument amoureuse, soient entendues.

La seule chose que je revendique, c'est d'avoir connu l'homme qui était debout et qui clamait ses opinions, je revendique ton droit d'avoir été l'homme à la personnalité affirmée, qui avait des directives pour sa vie – même si elles n'ont pas été écrites.

Lorsque l'on se marie, on pense légitimement que l'autre sera là pour se faire le porte-parole de nos volontés. Nous pensons tout aussi légitimement que l'autre tiendra la promesse faite le jour du mariage : « L'homme quitte son père et sa mère pour prendre épouse et ils ne feront plus qu'un. » Nous croyons naïvement que nous ne serons pas mineurs jusqu'à la mort de nos parents, et ce, même si nous sommes nous-mêmes parents. Cela m'est intolérable que l'homme, et j'insiste sur le mot homme, mon mari, soit devenu pour certains un objet à infantiliser ou peut-être, moins férocement, redevenu un enfant.

C'est inacceptable de faire fi de ta vie d'homme, l'homme que tu as réussi à devenir, c'est te renier. Même si ce temps de vie là a été trop court, tu as existé autrement, tu as fait des choix et tu as créé. T'infantiliser, c'est donc te renier et faire une croix sur tes actes et tes choix, c'est, par voie de conséquence, balayer notre mariage et notre enfant.

Notre famille, nous l'avons souhaitée et formée ensemble, je ne laisserai donc personne la dénigrer, par respect pour notre amour et par respect pour notre enfant. Elle doit être fière de l'amour que nous nous sommes porté, elle vient de cet amour et de l'amour que nous lui portons. Ma rancœur est amère à l'égard de tous ceux qui t'ont oublié ou qui sont passés à côté de toi, qui tentent de remettre en question notre vie et celle de notre fille. Cela m'est intolérable.

De mon côté, je suis passée de la femme aimée par son mari, qui lui a fait l'ultime cadeau de l'amour, un enfant merveilleux, à une femme que je découvre et apprends à connaître. Une femme au cœur meurtri, mais aussi une femme capable de ce qu'elle pensait insurmontable : vivre sans toi, mais vivre pour toi, pour notre fille.

Où puiser la force ? Sans aucun doute dans l'amour marital et parental, dans le regard de cet enfant qui est la preuve vivante de notre mariage. Le regard de ma fille me porte et m'aide toujours à aller de l'avant et, lorsque l'insupportable revient à la charge et que je crois que mon quota de courage est épuisé, le regard de cet être merveilleux me redonne tel un électrochoc le courage nécessaire pour me replonger dans la bataille, mais aussi pour vivre simplement.

L'exemple que je dois lui donner me pousse également à essayer de reprendre une place dans la vie en tant qu'individu, sans être l'épouse de, la mère de, la sainte ou le monstre (au choix suivant ses convictions), cela se fait non sans mal, car je peux avoir l'impression de le faire à ton détriment, mais si je le fais ou tente de le faire, c'est aussi par respect de la vie, qui est parfois plus courte qu'on ne le croit, et j'aime à espérer de vivre la vie dont nous rêvions. Pour que je puisse être un peu ta continuité.

Rachel, pour toujours tienne.

La parole confisquée

Ce 11 mai 2013, Vincent dort face à moi, apaisé. Son souffle est calme. Je ne lis aucune expression de douleur sur son visage, ses traits sont détendus. Comme tous les jours ou presque depuis près de cinq ans, je suis au chevet de mon mari dans cette chambre à l'odeur froide, dans cette chambre aux bruits sourds, dans cette chambre de transition entre la vie et la mort. Je connais chaque recoin, le moindre couloir de l'hôpital de Reims, tout comme je connaissais avant ceux du CHU de Châlons-en-Champagne et du centre d'éveil de Berck où Vincent a passé de longues semaines.

Dans ces hôpitaux, j'ai allaité ma fille. Longtemps, je suis allée voir Vincent avec mon bébé collé sur le sein, cette petite qui n'a jamais vraiment vu son père valide.

Aujourd'hui, je suis là, seule, face à ce corps raide et alité, à cette belle âme que j'admire tant, ce cœur que j'aime encore plus qu'avant. Il a enduré de telles souffrances depuis son accident ; il a lutté pour regagner en vitalité, pour gagner en conscience, pour rattraper un morceau d'existence.

Longtemps j'y ai cru, longtemps j'ai espéré, si souvent je me suis raccrochée à une lueur dans son regard, à une larme sur sa joue, à un mouvement de sa jambe… De minces signes de vie, si peu finalement en cinq ans.

Ils sont si rares depuis cet accident de la route survenu en septembre 2008, cette fraction de seconde qui a fait passer Vincent d'une vie en mouvement et en devenir à une existence immobile et de non-sens, cet accident qui a en un instant fait de l'épouse heureuse et amoureuse, de la jeune mère pleine d'envie, une femme entre parenthèses, accompagnante d'un mari en état dit « pauci-relationnel », c'est-à-dire en « état de conscience minimale ».

Derrière ce jargon médical un peu barbare se cache une réalité dure à accepter, si cruelle, si sournoise. Vincent peut avoir des réactions motrices. Il peut pleurer, sourire, soulever une jambe, mais les expertises mandatées par le Conseil d'État nous ont appris que ses réactions ne sont pas de l'ordre de l'émotionnel : elles sont d'ordre neurologique, aucun moyen de communication ne peut être établi du fait de ses trop grandes lésions cérébrales.

Quoi de plus humain que de chercher à interpréter une larme qui perle sur sa joue, une grimace… Il faut pourtant s'en garder.

Ses parents, Pierre et Viviane Lambert, pensent détenir la vérité de Vincent, que la moindre de ses manifestations corporelles est l'expression d'une volonté de fer de rester en vie. Je pense le contraire. Peut-on appeler avec dignité vie cet état d'ultime dépendance ? Je ne le crois pas, au regard de la perception de Vincent. À quoi bon lui infliger cette peine ? Celle de vivre dans cet état végétatif sans plus aucun espoir de guérison ni d'évolution.

Vincent est prisonnier de son corps, de sa parole entravée.

*

* *

Vincent est devant moi. Je pose mes yeux sur lui, et je n'ose lui parler. Je n'arrive pas à le toucher. Je suis sous le choc, tétanisée par la nouvelle que je viens d'apprendre.

Aujourd'hui, 11 mai 2013, l'absurde du monde extérieur s'est invité dans sa chambre. Je vais devoir lui annoncer que sa liberté n'est pas à l'ordre du jour. Je ne sais comment faire ni si je dois le faire. Suite à une décision de justice, on va devoir le « rebrancher », lui administrer à nouveau son traitement, ce traitement qu'il ne supporte pourtant pas.

Il y a trente et un jours, les médecins du service prenant en charge les personnes en état pauci-relationnel qui le suivent depuis près de cinq ans ont décidé de cesser la nutrition artificielle, son seul traitement. Ils ont noté depuis de longs mois des comportements inhabituels d'opposition lors des soins.

À l'issue d'une procédure collégiale de réflexion, prévue par la loi Leonetti, les médecins du service du docteur Eric Kariger ont décidé l'arrêt du traitement. Une décision médicale, légale. Évidemment que pour moi, c'est un véritable arrachement, sûrement le pire moment de ma vie, mais je dois l'accepter pour être en accord avec Vincent, le respecter dans ce qu'il a toujours voulu.

La loi Leonetti, je la connais bien désormais. Dans l'esprit, elle est bien faite, et protège Vincent. J'ai entendu parler pour la première fois de cette loi, votée le 22 avril 2005 à l'initiative du député Jean Leonetti, quand les médecins m'ont demandé de relater une nouvelle fois les souhaits de Vincent. J'ai lu tout ce que j'ai pu trouver sur le sujet sur Internet, lu les rapports parlementaires et le texte de loi dans le détail, étudié tout ce qui a été publié sur les bonnes pratiques médicales lors de l'arrêt des traitements, afin d'en saisir toutes les subtilités.

La loi Leonetti sur la fin de vie proscrit l'acharnement thérapeutique et permet l'arrêt des traitements. La nutrition et l'hydratation artificielles étant considérées comme un traitement à part entière, celles-ci peuvent donc être arrêtées dans le cadre de la loi. Pour éviter que le patient souffre, il peut lui être administré des sédatifs et sa bouche est régulièrement rafraîchie. Le décès intervient au bout de plusieurs jours ou semaines.

Cette procédure est jugée inhumaine par les deux camps qui se font face dans le vif débat sur la question de l'aide à mourir : d'un côté, les opposants à l'euthanasie estiment que l'alimentation est un soin de base dû à toute personne, et non un traitement, et dénoncent une interprétation euthanasique de la loi Leonetti. De l'autre, les partisans de l'euthanasie souhaitent que cesse l'« hypocrisie » et plaident pour l'autorisation de pratiquer un acte létal, qui permet une mort rapide.

Je fais confiance aux médecins. Ils ont compris ce que Vincent aurait voulu. Il n'aurait jamais accepté cette vie qu'on lui impose.

Moi, je n'ai aucun doute là-dessus.

Sa famille, du moins sa mère, Viviane Lambert, son père, Pierre Lambert, David, un demi-frère, et Anne, l'une de ses sœurs, ne l'entend pas ainsi. Pour eux, on assassine Vincent en mettant fin au traitement. Ils estiment qu'il doit rester en vie…

Bien sûr, moi aussi, j'aurais donné n'importe quoi pour qu'il reste en vie. Mais de quelle vie parle-t-on ?

Leurs avocats font valoir que son cas n'entre pas dans le cadre de la loi Leonetti, car, selon eux, Vincent n'est pas mourant et aucune urgence ne préside à l'arrêt des soins. Ils estiment que la situation de Vincent relève d'un handicap et non d'une maladie cérébrale incurable. Vision sûrement motivée par des convictions religieuses. Les médias ont raconté que la mère de Vincent est proche de la Fraternité Saint-Pie-X, un mouvement catholique traditionnaliste. Son avocat, Me Jérôme Triomphe, a défendu Civitas, mouvement connu notamment pour sa farouche opposition au mariage pour tous.

Les Lambert ont saisi le tribunal administratif de Châlons-en-Champagne. Et la décision est tombée ce matin. Je ne m'y suis pas rendue, car je n'ai appris que la veille au soir l'audience du lendemain. Par ailleurs, je n'y étais pas convoquée.

*

* *

J'arrive au CHU de Reims, une des sœurs de Vincent est là, à mes côtés. Le chef du service nous aperçoit dans le couloir alors qu'il s'apprêtait à me téléphoner pour m'informer de la décision. Il nous reçoit dans la salle des infirmières. Et le couperet tombe.

Là, j'apprends avec effroi que le juge des référés enjoint à l'hôpital de « rétablir l'alimentation et l'hydratation normales » au motif que Viviane Lambert et son mari, qui vivent dans le Sud, n'ont pas été suffisamment informés, comme le prévoit la loi Leonetti, de la décision prise par l'équipe du docteur Kariger.

Une colère sourde monte en moi. Une colère étouffée par de la sidération. Je vois les larmes sur les joues de la sœur de Vincent. C'est insoutenable, je quitte le bureau en pleurs moi aussi. Et puis, ils sont là, tout près. Ils arrivent en procession dans le couloir, nous les apercevons par la vitre du local des infirmières.

L'avocat et les parents Lambert, Viviane, suivie par Pierre son mari, viennent vérifier que la poche de nutrition réalimente bien mon époux. Nous sommes sous le choc. Le ton monte entre la sœur de Vincent et ses parents. Une aide-soignante nous soutient et nous amène sur la terrasse pour prendre l'air.

Je croise le demi-frère de Vincent en y allant. Il baisse la tête et me lâche un bonjour. Comment ose-t-il ? Non, ce n'est vraiment pas un bon jour…

Je me rends au chevet de Vincent. Comment lui expliquer ? À part le rassurer sur le fait que j'étais là, je n'ai pas eu la force de lui en dire plus.

Cette décision de justice, je la vis comme une salissure. Vincent est sali. Ils disent agir par amour. C'est un amour que je ne comprends pas. Au regard de tout ce que mon mari était, de toutes les souffrances qu'il a vécues, comment peut-on encore lui infliger tant de tourments ?

J'ai mal pour Vincent et mon corps me fait mal. Je suis sonnée. Moralement comme physiquement. J'ai l'impression que l'on m'a cassé la figure. La décharge émotionnelle m'a fracassée en mille morceaux. J'ai mal partout. Je me demande comment je vais pouvoir me relever d'un tel choc. J'ai été passée à tabac moralement, et j'en porte les stigmates physiques. Et ce n'était qu'un début.

Évidemment, il y avait eu une rafale de violence, d'horreurs balancées à mon encontre, sur notre couple sur Internet. Ce n'était que le premier round.

En ce mois de mai 2013, le deuxième round sonne. Sur le ring de la médiatisation. L'histoire de Vincent devient l'« affaire Lambert ». Mon mari devient un « cas ».

Ils parlent, beaucoup, en leur nom, au nom de Vincent. Ils passent sur les plus grandes radios de France. Cette pression m'angoisse. Je garde le silence pendant plusieurs semaines. Je suis plutôt quelqu'un de discret, mais il me faut sortir de ma réserve, pour expliquer.

Je ne voulais pas parler à tort et à travers, pas déballer mon intimité, pas que l'on utilise mon image. Je voulais pouvoir aller chercher mon enfant à l'école sans être reconnue, ne pas avoir une étiquette sur le dos. Comment préserver notre normalité ? Certains affirment que ma vie n'est pas normale, je leur rétorque que ma vie n'est pas ordinaire.

La médiatisation m'est tombée dessus, et ce n'était pas mon choix. Notre histoire a été mise sur la place publique, l'existence de notre enfant a été révélée, une photographie de Vincent sur son lit d'hôpital diffusée. Tant d'absurdités sur son état ont été écrites.

Je n'aime pas cet exercice, j'ai l'impression de trahir Vincent, de me trahir. Tout cela est tellement loin de notre caractère discret. Mais sa parole est confisquée, d'autres parlent en son nom. Moi je sais qu'il ne voulait pas de cette vie-là. Il s'est ouvert à moi à plusieurs reprises au sujet de la fin de vie, du handicap. Nous sommes tous les deux infirmiers, nous en avions parlé.

Tout le monde s'approprie notre histoire, celle de Vincent, celle de notre couple, pour remettre en cause les discussions que nous avons eues tous les deux, le fondement de notre histoire.

De Vincent, il ne me reste que ce que nous avons vécu ensemble. Personne n'a le droit de souiller notre histoire, ce qui nous reste de nos souvenirs et de notre famille.

*

* *

Aujourd'hui, j'ai trente-trois ans, c'est un cap difficile à passer. Trente-trois ans, c'est un an de plus que l'âge qu'avait Vincent quand l'accident est arrivé.

Symboliquement, j'ai l'impression d'être plus vieille que lui. Même si, sur son lit d'hôpital, il vieillit, sa vie d'homme s'est arrêtée à trente-deux ans.

On peut s'interroger sur les sentiments, les émotions qui nous animent pendant toutes ces longues années. En ai-je fait assez pour lui ? Qu'aurais-je pu faire de plus ? Assurément rien…

Au quotidien, les pincements au cœur sont nombreux, mais celui qui me fait le plus mal, c'est que moi je peux voir notre enfant grandir et pas lui. Il manque tous ces petits riens qui font notre quotidien, mais qui sont tellement importants à vivre.

Et puis il y a les manques… Tous ces vides, personne ne peut imaginer ce que c'est. Une succession de deuils : celui de l'homme d'avant, de sa conscience, des autres enfants que l'on ne fera pas, de la vieillesse que l'on ne partagera pas, et de tous ces projets qui pouvaient nous faire rêver.

On m'a dit que je devais divorcer. Je ne peux pas m'y résoudre. D'ailleurs pourquoi le ferais-je ? J'aime toujours mon époux.

Maintenant, j'ai pris un peu de distance. Pour sauver ma peau, mais surtout pour nous mettre à l'abri, mon enfant et moi.

J'ai rendu visite à Vincent quasiment tous les jours pendant cinq ans. La violence de cette dernière année m'a accablée. Il faut que je puisse m'étayer un peu plus, me rassembler. Ma fille n'a plus de papa à ses côtés, elle a besoin d'une maman à plein temps. Et je veux qu'elle soit fière de l'histoire d'amour de ses parents, qu'elle sache que, lorsque l'on a des convictions, on doit s'y tenir. À quoi bon en avoir, si elles ne sont pas entendues ?

Alors je me bats, pour elle, pour lui, pour moi.

Tout de suite après l'accident, on est pulvérisé de l'intérieur, on espère qu'on ne va pas mourir de chagrin. Votre mari est dans le coma, sous sédation. Je me suis dit que ce n'était pas vrai, qu'il allait s'en remettre. Que je venais d'avoir un bébé et qu'il n'y avait pas d'autre option qu'il revienne à la maison.

Commence alors le combat. Mais il faut être dur, un peu ; pour ne pas casser, il ne faut pas plier. On fait un peu le dos rond, mais on ne peut pas tout encaisser, et tout renvoyer non plus. La violence n'est pas l'arme que j'ai choisie. Je me refuse à l'employer comme on l'utilise contre moi.

La seule possibilité de faire respecter les volontés de Vincent est entre les mains de la justice.

J'ai accompagné Vincent chaque jour. J'étais là quand les soignantes me décrivaient leurs difficultés, sa résistance aux soins, son agitation. J'ai ressenti une grande souffrance dans ces moments-là.

Ses parents, eux, étaient loin. Quand on n'a pas la réalité en face, on peut peut-être davantage fantasmer sur un devenir qui n'est pas.

*

* *

Parce que je l'aime, je veux le laisser partir. Parce que je l'aime, je veux le laisser mourir. J'assume ma position, parce que c'est sa volonté. Vincent a toujours répété qu'il ne voulait pas vivre en état de dépendance, mais être libre.

Vincent est mon mari, Vincent est le père de ma fille et, aujourd'hui, Vincent est prisonnier. Prisonnier de son corps d'abord. Tétraplégique en état végétatif depuis un accident de la route survenu il y a plus de cinq ans, mon mari vit aujourd'hui alité, les membres raides et immobiles.

Vincent ne peut pas s'exprimer, alors tout le monde parle pour lui. Et la France entière parle de lui. Euthanasie, acharnement thérapeutique, des mots tabous en plein débat sur la fin de vie. Sur son lit d'hôpital, Vincent est pris en otage entre des injonctions contradictoires. Les médecins ont estimé qu'il est temps d'interrompre son traitement, ses parents ont saisi la justice pour contrer cet avis. Son sort est soumis à la décision de la Cour européenne des droits de l'homme (CEDH).

Moi, je souhaite que cesse enfin ce maintien en vie artificiel. Je suis et je reste celle qu'il a choisie, c'est pourquoi, aujourd'hui, je prends la parole : en acceptant de le laisser partir, je lui sauve la vie.

Laisser partir Vincent est ma dernière preuve d'amour.

PREMIÈRE PARTIE

La vie d’avant

Je t'adore...

Quand il s'invite dans la vie, l'amour bouleverse tout sur son passage. Ses envies, les lignes que l'on se fixe, ses convictions. Le cœur palpite et fait voler en éclats les tracas du quotidien. On aperçoit un jour dans un couloir une silhouette élégante, on perçoit une vibration dans le timbre d'une voix et, sans savoir pourquoi, on se sent terriblement attiré.

Ces stupeurs et tremblements, je les ai vécus toute jeune, à vingt et un ans. En amour, je n'étais pas encore très experte – de jolies petites histoires, des émois naissants d'adolescent où on ne se laisse pas vraiment aller, où on n'abandonne pas pleinement son être dans les bras de l'autre.

Dès que j'ai vu Vincent dans cette salle des infirmiers, j'ai été impressionnée, séduite par la beauté de ce jeune homme si charismatique.

À vingt et un ans, j'étais vraiment toute jeune, animée par une envie de sortir, de partir en vacances, de travailler. Il n'y avait pas vraiment la place pour un amour plein, entier, quelque chose qui bouleverse la vie au point de tout envoyer balader.

L'amour m'a saisie dans un environnement de folie, dans un environnement de douleur, de souffrance des âmes, de tourments des corps.

La première fois que j'ai vu Vincent, j'étais étudiante infirmière à Mont-Saint-Martin, en Lorraine, au service psychiatrique de l'hôpital. Un service psychiatrique avec tout ce que cela implique, des cris, des pleurs, des moments de crise, une tension ambiante qui sourd et ne demande qu'à exploser.

Drôle d'endroit pour une rencontre, drôle d'endroit pour trouver l'amour, le vrai.

On se dédie entièrement à ce boulot éprouvant psychologiquement, un travail pas facile, au service des autres. Dans ce métier, on se dévoue pour soigner les maux des autres, alors on se repose sur une équipe, on s'appuie sur quelques collègues.

Pourtant, lui, je l'ai tout de suite remarqué. La première fois que j'ai vu Vincent dans cette salle des infirmiers, j'ai été impressionnée. Je ne me souviens pas des voix, des rires des autres pendant cette pause, à peine de quelques visages, de quelques expressions.

Je ne vois que Vincent, ce bel homme tout mince, brun, les yeux marron, presque noirs, un peu à part, le ténébreux sombre et solitaire par excellence. Un homme en apparence inaccessible, plein de mystère, une force tranquille se dégageait de lui et de son regard si franc, parfois insondable.

Mes parents habitaient à côté de chez lui, mais je ne l'ai malheureusement jamais aperçu lorsque j'allais sortir leur chien. Lui m'avoua qu'il m'avait vue de sa fenêtre à plusieurs reprises lors de mes promenades. Déjà il m'intriguait. Il était aussi sûr de lui et plein d'assurance dans le travail que j'étais hésitante et gorgée de doutes.

À l'hôpital, je l'admire, c'est un très bon infirmier, respecté de tous ; quand Vincent entre dans une salle, tout le monde le regarde, il en impose. J'entends les autres vanter l'efficacité de ses synthèses. Dans ce service de psychiatrie, il garde un sang-froid à toute épreuve, il gère les situations de crise, maintient la distance nécessaire avec les patients.

Pour toutes ces raisons, Vincent me plaît, mais on ne joue pas dans la même cour, nous avons cinq ans d'écart : pour moi, c'était un homme inaccessible.

*

*   *

Infirmier, il faisait beaucoup les nuits, moi le jour, on ne faisait que se croiser. Se frôler parfois dans un couloir, échanger un regard complice, esquisser un sourire, oser un bonjour timide. Rien de plus… En même temps, c'est déjà beaucoup. Sentir l'émoi monter au fil des mois, se contenir parce qu'on ne sait pas ce que l'autre pense, ne pas se dévoiler de peur de se jeter dans l'inconnu, c'est à la fois savoureux et douloureux.

J'ai la boule au ventre quand je le croise, le cœur qui s'affole.

Puis j'ai eu mon diplôme, je gagne en assurance dans mon travail, je prends confiance.

Je demande à rester en psychiatrie. Nos contacts se font de plus en plus chaleureux.

Lors de la relève, je reste le soir pour discuter un peu avec mes collègues et, quand Vincent est de garde, je traîne un peu plus. Juste pour entendre sa voix, être là tout près de lui. Il répond à mes sourires, me regarde de plus en plus souvent. Je ne sais pas encore comment interpréter cette complicité naissante. Et puis, Vincent a du succès auprès des femmes, il est célibataire.

Depuis quelque temps, nous nous sommes rapprochés en raison de problèmes internes à l'hôpital. Unis dans l'adversité, unis dans la difficulté. Le quotidien est assez pesant. Vincent et moi devenons beaucoup plus complices.

Durant les pauses, nos regards se croisent, parfois timides, parfois un peu plus insistants. Je me projette de plus en plus avec lui, il est ma raison d'être là, il est une motivation supplémentaire pour me rendre au travail tous les jours. Rien que par sa présence, il m'insuffle l'énergie nécessaire pour affronter la folie des patients, les affres de la maladie des autres.

Il a commencé à m'écrire des messages, des « joyeuses Pâques » en plein hiver, la nuit, quand il travaille. Une drôle d'approche qui témoigne de son côté décalé et d'une forme de timidité.

Le matin, quand je prends la relève, nous nous croisons, un peu gênés. Nous rions sous cape, car nous avons échangé des SMS toute la nuit. Personne ne s'est vraiment rendu compte de notre attirance réciproque.

Durant nos sympathiques insomnies, nous parlons de tout, de rien, un rapprochement se dessine entre les lignes par écran de téléphone interposé. Je suis sur un petit nuage. Lorsque enfin la vibration de mon portable cesse, que je ferme les yeux pour quelques heures de repos, je sais que, le lendemain matin, je retrouverai Vincent. Et que notre petit jeu recommencera.

Le jour, nous sommes bridés par notre réserve naturelle – tous les deux, nous ne sommes pas de grands expansifs, plutôt des timides, des taiseux. Je pressens que ce ne sera pas facile de percer ses secrets, de sonder son âme.

La nuit, lorsque nous nous envoyons des messages, nous nous lâchons un peu, à distance. Nos sentiments affleurent. Je me découvre fleur bleue. Même si je n'ose pas encore m'avouer qu'une relation est possible.

*

* *

Les semaines passant, je sens que je suis plus qu'une simple amie pour Vincent. Lui qui était très casanier insistait pour sortir le soir. Avec des amis, nous allons boire des verres, faire quelques virées nocturnes. Une façon de décompresser de notre quotidien souvent éprouvant.

À chaque sortie, je me sens plus proche de Vincent. S'il reste sauvage, insaisissable, il se donne chaque jour un peu plus. Un soir, au bout de deux ans après notre première rencontre, nos lèvres se rencontrent.

Au début de notre histoire, nous habitons à cinq minutes en voiture l'un de l'autre. Un après-midi, nous avons même passé quatre heures au téléphone, alors que nous pouvons être de grands silencieux. Parfois nous restons ensemble l'un à côté de l'autre, sans rien nous dire, sans que ce soit gênant. La simple présence de l'autre nous suffit.

À moi, juste son corps à mes côtés suffit, cela m'apaise, mais quelque chose me perturbe, son regard parfois insaisissable. Vincent est bien là pourtant, je peux sentir sa main, son souffle sur ma joue lorsqu'il s'approche de moi, mais je sens bien qu'il ne s'abandonne pas tout à fait.

Nous aspirons tous deux à une vie tranquille. Nous n'envisageons pas de nous installer ensemble, mais je viens de plus en plus chez lui. Et puis, un jour, je reste… Nous sommes devenus inséparables, soudés par le travail, le même sens de l'humour – souvent noir –, la même pudeur. Vincent se confie sur sa vie et sa famille.

*

* *

Nous sommes en voiture. Nous allons à Center Parcs pour son anniversaire, pour fêter ses vingt-neuf ans. Nous parlons peu durant le trajet. Des moments de silence comme nous les aimons.

Soudain, Vincent se met à parler de sa famille, avec froideur, sans rancœur, de façon presque clinique, à distance. Une fratrie de neuf enfants. Un environnement catholique traditionnaliste, où la morale étouffe. Une enfance qu'il décrit compliquée. À Châteauroux puis à Rethel, dans les Ardennes. La pension assez jeune dans un établissement privé hors contrat, près de Carcassonne. Vincent emploie un ton monocorde, sec, dépourvu d'affect. Mais pour la première fois il parle, je ne l'interromps pas.

Il s'ouvre totalement et se confie sur ses blessures. Je reste silencieuse, ce que je pourrais dire ne changerait pas grand-chose.

Silence à nouveau dans la voiture. Le temps se fige, les paysages autour de nous sont flous.

*

* *

Nous sommes désormais liés. Comme mon homme a dû se sentir seul toutes ces années à se construire malgré sa souffrance. Notre complicité renforcée, nous profitons de notre séjour, plein de vie.

Au bout de ce voyage, nous sommes désormais unis plus que jamais. Certains s'aiment le temps d'une chanson, nous nous aimons le temps de l'éternité.

Je te prends pour épouse

Nous sommes à l'étroit dans le bureau du tribunal d'instance de Longwy. Ma sœur et son fiancé sont là. Ils sont venus pour nous.

Vincent et moi sommes un peu intimidés, même si l'endroit n'est pas très solennel. Un tribunal pour signifier notre amour grandissant, il y a plus romantique. Pour sceller notre amour, pour officialiser notre couple et bénéficier du statut de conjoint dans le boulot, nous avons décidé de nous pacser. Vincent ne souhaitait pas se marier.

Un coup de tampon et le tour est joué. Je deviens un peu plus sa femme, il est un peu plus mon homme.

De retour à la maison, Vincent me saisit par le bras, m'installe dans le canapé.

« C'est l'heure de nous offrir nos petits cadeaux, Rachou... »

Il me tend la bague que nous avons choisie ensemble sur Internet, une alliance toute fine en or blanc. Huit ans après, je l'ai encore, elle m'accompagne tous les jours dans mon sac à main, je la garde précieusement pour ma fille.

« Merci encore, Vincent, elle est magnifique. Mais moi aussi, je te rappelle, j'ai un cadeau pour toi, le petit cendrier ! »

Ce n'est pas grand-chose, on avait dit juste pour marquer le coup, juste un symbole.

Nous nous sourions, nous sommes heureux.

*

* *

« J'aimerais avoir une petite fille, une petite blonde.

– Quoi ?

– J'aimerais avoir un jour une petite blonde. Tu sais, comme Dakota Fanning. »

Vincent me l'avait pourtant si souvent répété, il ne voulait pas d'enfant. Je peux l'entendre, même s'il est difficile pour moi de mettre entre parenthèses mon désir de maternité. Alors, je ne lui en parle jamais. Mon amour pour lui est si fort, si pur. Je ne lui forcerai jamais la main. Mais, au fil du temps, l'idée fait son chemin et, naturellement, il me dit qu'il se voit bien papa d'une petite fille.

« Je veux des enfants et, quand ils seront grands, qu'on les aura élevés, que notre amour aura passé l'épreuve du temps, nous nous marierons. Et nos enfants seront les témoins. »

L'envie de se marier s'est donc mise à germer. Lui qui était si réfractaire pense finalement qu'il pourrait y venir, mais, comme à son habitude, il songe à quelque chose d'un peu moins conventionnel. Il n'a pas tort, le principe de se marier quand les enfants sont grands a du sens, de la valeur. Le mariage comme une récompense, comme un aboutissement, une façon de poser les choses dans le temps, et non comme un passage obligé, précipité, pour se rassurer sur nos sentiments.

Des preuves de son engagement, Vincent m'en apporte au quotidien. Des petits gestes tendres avant d'aller au travail, un regard échangé à l'hôpital et, surtout, une confiance sans faille. J'ai foi en notre amour.

« Vincent… Viens, allons voir les alliances cet après-midi… »

Je me prélasse dans mon bain. Nous avons un jour de repos. Une journée rien que pour nous. Une journée pour se taquiner, pour jouer à notre jeu favori : « Et si on se mariait… »

Aujourd'hui, je suis maître du jeu. La plaisanterie est lancée.

« Oui, on y va ! »

Il entre dans la danse. Nous partons pour Reims. Nous faisons la tournée des bijouteries.

« Et celle-là, elle est pas mal, non ?

– Oui, j'aime bien, mais un peu trop voyante… Je cherche quelque chose de plus fin, de plus raffiné.

– Une bague qui te ressemble en fait… »

J'essaie plusieurs alliances. Je n'en reviens pas de me retrouver là avec lui, à faire comme de futurs jeunes mariés.

La journée est surréaliste. Le soir après le dîner, je décide que les masques doivent tomber.

« Bon, c'était super aujourd'hui, mais la plaisanterie doit s'arrêter là, non ?

– Ben non, c'était sérieux ! »

Je m'attendais à ce qu'il m'avoue sa blague… Encore une fois, il me surprend !

« Vincent, surtout ne prends pas cette décision dans le but unique de me faire plaisir, je veux que tu en aies vraiment l'envie. N'en parlons plus, partons comme prévu en vacances en Égypte, et ensuite on verra… »

Nous sommes au soleil, en plein mois de décembre. Vincent me reparle de mariage. Il m'avoue qu'il avait prévu de me faire sa demande ici, durant ce voyage, mais que la surprise a été largement déflorée lors de notre après-midi bijouterie. Pas de demande genoux à terre, mais je suis aux anges.

« Franchissons le cap en avril. Les délais sont courts. Un mariage simple, mais mettons de l'argent de côté pour nous offrir un vrai voyage de noces.

– Et pourquoi pas autour du 3 avril, la semaine de mon anniversaire ? »

Cette date-là, cela tombe mal, nous rétorque le curé. Ce sera la Semaine sainte et le prêtre du village ne veut pas célébrer de mariage pendant cette fête. Peut-être les prémices de nos divergences d'opinion avec l'Église…

Nous envisageons tout de même de nous marier à l'église. Nous le faisions par tradition et pour la famille. Mais l'essentiel à nos yeux est d'être unis officiellement et d'avoir un temps solennel pour nous promettre des choses.

Moi aussi, je viens d'un milieu catholique, mais, à la différence de Vincent, peu pratiquant.

Avec ma sœur, ma cadette de cinq ans, nous allions au catéchisme, et on nous envoyait aux Rameaux chercher du gui. J'avais une grand-mère d'origine polonaise très croyante, et l'autre catholique pratiquante. Adolescente, je croyais en Dieu. J'ai aidé pendant plusieurs années des malades lors de leur pèlerinage à Lourdes.

J'ai découvert Lourdes et ses « miracles » fortuitement, par un copain de classe qui s'y rendait souvent avec sa famille. À la base, c'étaient des vacances dans la bonne humeur, on faisait la fête le soir, on dormait peu, on vivait quelque chose d'humainement fort.

C'est à Lourdes que j'ai choisi le métier d'infirmière.

Aujourd'hui, je réalise que j'ai toujours eu une forme de foi, mais elle a fluctué d'année en année. J'ai cherché, beaucoup lu. Désormais, c'est plus compliqué, je suis animée d'une spiritualité plus que d'un dogme. Quand j'ai vu ce que peuvent faire les hommes et que la religion est faite par les hommes, je me suis dit que la spiritualité était plus puissante : elle est de l'ordre du divin.

Longtemps, j'ai eu la foi, mais j'exècre ce que certaines personnes peuvent renvoyer de la religion. Le credo est dérangeant. Les hommes peuvent s'octroyer un pouvoir sur la vie des autres en son nom. C'est révoltant. J'aspire pour ma famille à la liberté et à la tranquillité d'esprit. Le rapport d'autorité est difficilement acceptable.

*

* *

14 avril 2007. Je descends de la voiture qui me mène à la mairie. Je suis totalement submergée par l'émotion depuis que j'ai récupéré ma robe. Impossible de m'arrêter de pleurer.

Dans cinq minutes à peine, je vais devoir entrer. J'ai la tête qui tourne. Je les vois tous sur le parvis : mes parents, les amis, la famille de Vincent. Des silhouettes floues plutôt que des visages distinctement dessinés.

Je suis impressionnée par cette journée qui débute. Pourtant, je n'ai aucun doute sur la profondeur de mes sentiments pour Vincent. Je dois contenir mon émotion. Et puis je le vois dans son beau costume, plus élégant que jamais, si sûr de lui, si fort. Vincent Lambert a décidé que je serais sa femme, je réalise que c'est pour toujours.

Je me lance, je descends de la voiture, je me sens belle dans ma robe blanche. Il me voit. Il a les yeux brillants. Il me dévisage, s'approche de moi, il me glisse à l'oreille un « tu es trop belle ! ».

Après un passage rapide mais intense devant monsieur le maire, nous traversons la route jusqu'à l'église, il fait beau, nous sommes à la campagne. Cette journée nous ressemble.

Depuis la mairie, je contiens mon émotion. Je suis au bras de mon père, qui me conduit à l'autel. Je fonds en larmes. J'ai l'impression de devenir une femme sous les yeux de mes proches. Et plus que jamais sa femme dans les yeux de Vincent. Tout le monde est là, nos familles sont réunies, la bonne humeur est de mise. Nous sommes tout à notre bonheur.

Je suis devant l'officiant. Je me remets à pleurer. Au moment d'échanger nos vœux, je me ressaisis. Je pense que finalement tout le monde entend le « oui » qui m'unit désormais à Vincent.

Nous nous jurons de rester ensemble jusqu'à la fin de notre vie, quoi qu'il arrive. Une promesse inconditionnelle. Dans cette église, nous tournons une page de notre histoire. Se prendre pour époux et femme, quitter son père et sa mère pour construire notre propre famille.

*

*   *

Le film de notre mariage, je le regarde avec difficulté. Il ne faut pas tomber dans le travers de vivre tourné vers le passé ; cet événement heureux, c'est un trésor que je garde en moi.

Mais je dois aller de l'avant. Les rares fois où j'éprouve le besoin de le visionner à nouveau, c'est lorsque je sens que l'on essaie de nier mon statut d'épouse de Vincent, de balayer notre mariage, pour me rappeler que cela a bel et bien existé et que personne ne peut le remettre en question. Ce mariage est mon petit trésor, il est aussi et surtout l'héritage de ma fille.

Nous sommes partis quinze jours en République dominicaine. Nous avons suivi le débat politique entre les deux tours de l'élection présidentielle opposant Ségolène Royal et Nicolas Sarkozy. Puis nous sommes revenus à notre « petite vie ». Le bonheur simple du quotidien, souvent fait de petits riens, de gestes anodins.

De toute façon, nous n'aimons pas être tout le temps dans l'action, nous sommes plutôt des « flâneurs », des contemplatifs. Nous avons des aspirations simples.

Comme nous travaillons tous les deux à Châlons-en-Champagne et que nous ne voulons pas habiter en ville, nous louons une petite maison à la campagne, avec une piscine gonflable dans le jardin. Nous vivons un peu retirés, loin de l'agitation. Nous aimons bien manger, profiter, regarder des films à la télé.

« Tu te rends compte, on fait déjà "vieux couple". On est si casanier…

– Oui, mais on est tellement bien, cela nous va bien…

– Il ne manque qu'une touche à notre bonheur.

– Ne t'inquiète pas, ma Rachou, on va y arriver, on va l'avoir, notre jolie petite fille aux yeux bleus… »

Notre nid

Aujourd'hui, c'est comme si Vincent s'accrochait à l'avenir que nous sommes en train de construire. Il met du champagne dans le coffre de la voiture.

Je viens de passer ma première échographie et le médecin pense qu'il y a de bonnes chances que ce soit une fille.

Vincent avait vu juste. Fausse couche, injections, batterie d'examens tous négatifs n'ont pas eu raison de notre volonté d'avoir un enfant. Il y a quelques semaines, de retour de vacances, nous avons repris le travail, j'ai fait un test de grossesse sans le dire à Vincent : positif.

Je lui ai annoncé la nouvelle et nous sommes partis directement au laboratoire pour en avoir la confirmation. Nous n'avons pas tout de suite partagé notre bonheur avec nos proches, nous voulions être prudents. Mais notre joie était si intense que le secret n'a pas duré longtemps

Deuxième échographie : il s'agit bien d'une fille. Vincent se met à pleurer dans le cabinet.

Même à notre mariage, lorsque l'émotion était à son comble, il n'avait pas osé faire voler sa pudeur en éclats. Nous voyons bouger notre bébé sur l'écran. Vincent me serre la main tout le temps de l'examen. Le fruit de notre amour remue, nous voyons son cœur qui bat, nous distinguons sa petite tête, ses petits bras.

Pour être sûr qu'il arrive à terme, je dois rester à la maison. La sage-femme passe tous les deux jours. Vincent est aux petits soins, je peux réclamer n'importe quoi. Il fait le ménage, le repassage. Ce ne sont pas des gestes de circonstance, Vincent a toujours été serviable.

Malgré la peur de perdre le bébé, je suis bien dans notre maison. Je garderai toujours en moi le souvenir précis de ce havre de paix. Cela restera à jamais une partie de Vincent et moi, un fragment de notre famille.

Cette maison sera à jamais celle de notre mariage, de notre bonheur grandissant, le refuge où nous avons ramené notre fille au retour de la maternité.

Je ne te remercierai jamais assez de m'avoir donné une si jolie petite fille

Mon téléphone vibre, c'est Vincent. Vincent comme dans les premiers temps, lorsque déjà il m'envoyait des messages d'amour, la nuit. J'ai mon bébé collé contre moi, il n'a que quelques heures et il tète déjà. Je me surprends à penser : « C'est doux d'être une maman. »

Après ces heures de travail éprouvantes, ces heures à souffrir pour donner la vie, je n'arrive pas à trouver le sommeil. Ce petit être tète mon sein et son cœur répond au mien. Maintenant que nous avons notre petite fille, rien ne peut nous arriver, nous touchons au bonheur, au vrai.

Je décrypte dans son message sa joie d'être père, son amour pour moi qui lui ai apporté la vie.

Je suis fière d'être la mère de cette petite fille, d'être la mère de sa fille.

Nous avons choisi le prénom tous les deux, un prénom avec une jolie symbolique. Nous n'avions pas vraiment les mêmes goûts, lui penchait pour des prénoms très classiques comme Delphine.

La lumière se fait douce, c'est la fin de l'après-midi, l'été décline, mais il est encore généreux. Depuis presque un mois, nous vivons dans notre bulle de bonheur. Il y a Vincent, le bébé et moi. Rien ni personne ne vient s'immiscer dans notre trio, notre famille.

Vincent peut rester à la maison avec nous. Il a pris un congé paternité. Cet après-midi, Vincent et moi avons promené la petite dans le village, il l'a changée. M'a regardé longuement allaiter. Il n'arrête pas de nous prendre en photo toutes les deux.

« Je trouve cela magnifique, je vous trouve toutes les deux magnifiques, jamais je ne me lasserai d'un tel spectacle… »

Nous avons réparti les rôles, chacun son job : moi, j'allaite ; lui, change le bébé. Tout à l'heure, dans la chambre, j'ai eu un énorme éclat de rire quand j'ai vu Vincent se faire tremper par notre bébé de la tête aux pieds, pas du tout dégoûté, au contraire, épanoui de se sentir pleinement en vie. En fusion totale et inconditionnelle avec sa fille.

Je les regarde tous les deux. Maintenant endormis. Je prends mon appareil photo à chaque fois qu'ils sont ainsi, l'un contre l'autre. La petite blottie contre son père, lui abandonné dans un sommeil apaisé.

Ces deux premiers mois de maternité sont la meilleure partie de ma vie. Nous profitons de chaque instant pleinement. Impression fugace qu'une menace plane sur notre bonheur, une crainte inexplicable que tout s'arrête.

Votre mari a eu un accident

29 septembre 2008. Ce matin, j'ai habillé ma fille de sa plus jolie robe. Vincent la prend en photo. Nous allons envoyer des clichés de la petite aux invités du baptême. La cérémonie a eu lieu quelques jours plus tôt, il est temps d'adresser les remerciements.

Nous avons passé un agréable week-end, dîné chez des amis. Après la séance photo, Vincent mange, puis va faire une petite sieste dans le salon. Une fois de plus, je le regarde dormir, j'adore l'observer dans son sommeil. Il dort une vingtaine de minutes, une sieste éclair pour affronter les heures de garde. Il monte à l'étage, embrasse la petite endormie dans son berceau.

« Vincent, je dois aller faire des courses à Châlons. Tu veux que je t'emmène à l'hôpital ?

– C'est sympa. Comme tu veux…

– Ah mais non, en fait, ce n'est pas possible. Tu ne vas pas terminer avant 21 heures, du coup, pour le bébé, cela fera tard.

– OK, si tu veux, mais on remet cela à demain alors… »

L'après-midi commence à peine. Vincent vient de donner un baiser à sa fille et me rejoint dans le salon pour m'embrasser.

« Vite ce soir d'être auprès de vous. »

Il se redresse, s'avance vers le pas de la porte et me regarde.

« Je t'aime. » La porte se referme, il est déjà parti.

Ce ne sont pas des mots que nous avons prononcés tout de suite. D'ailleurs, nous avions nos codes pour nous signifier notre amour, notre vocabulaire à nous. Puis la pudeur s'est envolée.

Rien désormais ne laisse présager de quelconques angoisses.

Je suis encore en peignoir, je monte dans la chambre pour m'apprêter. J'entends sonner à la porte d'entrée. Je n'ai pas envie d'aller ouvrir, je pense que ce sont des voisins. La sonnette insiste, je descends. Je vois les gendarmes. Je pense qu'il y a un problème avec la vieille voiture de Vincent qui est stationnée devant la maison. Je suis certaine que l'on vient nous coller une amende. L'un des deux gendarmes me demande s'il peut entrer. Je suis descendue avec la petite dans les bras, car la sonnette l'a réveillée.

« Pouvez-vous poser le bébé ? »

Je l'installe dans son couffin. Je sens qu'une nouvelle étrange va me tomber dessus, sans penser au pire.

« Votre mari a eu un accident de la route. Je ne vous cache pas que c'est grave. Le pronostic vital est engagé. »

Je n'ai aucun souvenir de ce que j'ai répondu. Je comprends qu'il faut que j'aille à l'hôpital. J'agis en mode automatique. Je prépare la petite, un sac avec des couches et des vêtements de rechange. Les gendarmes sortent un instant, puis reviennent.

« Pouvez-vous vous rendre à l'hôpital ? »

Je pense prendre un taxi. L'autre voiture n'est pas en état de fonctionner.

« Madame, vous ne pouvez pas y aller toute seule… »

L'amie chez qui nous avons passé le week-end est aide-soignante. Je sais qu'elle est libre cet après-midi. Je veux l'appeler, mais ma carte de téléphone n'a plus de crédit. Tout va de travers. Je n'arrive pas non plus à composer le code de ma carte bancaire. Le gendarme me propose son portable. Je finis par contacter mon amie, qui accepte de m'emmener. Elle doit d'abord passer chercher sa fille au collège. J'enfile une salopette, celle que je portais pendant ma grossesse. La petite est calme, le sac prêt.

Le bonheur, l'équilibre tient à un fil. La douceur du cocon familial naissant est bien fragile. L'accidentel vient cueillir la vie au moment même où tout se construit.

Un matin, on se lève sans imaginer que, quelques heures plus tard, rien ne sera plus jamais comme avant.

Le 29 septembre 2008, ma vie, notre vie a basculé.

Il ne peut pas mourir…

Urgences de l'hôpital de Châlons. La salle d'attente est pleine à craquer, j'ai mon bébé dans le couffin. Je veux voir Vincent, tout de suite, je ne peux pas attendre ici, dans ce lieu de toutes les angoisses, où l'on imagine le pire, où l'on espère le meilleur.

J'explique à l'accueil que mon mari vient d'avoir un accident. On me fait patienter. Puis on m'autorise à voir Vincent brièvement. Il est inconscient, perfusé, branché, intubé… Un médecin du SMUR demande à me voir.

« Bonjour, je suis le docteur qui était sur les lieux de l'accident. Votre mari a un traumatisme crânien. Il a dû passer un scanner, il a une lame de sang au niveau frontal, elle est bien distincte, il faut que le sang s'écoule.

– Il va s'en sortir ?

– Il sera placé en réanimation quelques semaines et ensuite il fera de la rééducation. »

J'appelle la sœur de Vincent. Elle habite Reims. Répondeur. À la seconde tentative, elle décroche.

« Ça va ?

– Non, ton frère a eu un accident, il faut que tu viennes, il est aux urgences… »

Je ne sais pas quoi faire, le temps est long et court à la fois, mon amie et son adolescente restent pour me soutenir, m'aider. Mon bébé commence à pleurer.

Je m'installe dans la salle d'attente pour l'allaiter. Ce n'est pas vraiment le lieu rêvé pour ce moment de partage intense. J'essaie de faire abstraction de l'endroit, des circonstances, même si, à cet instant, je ne pense qu'à Vincent.

Je ferme les yeux, je me concentre sur ma petite.

Un demi-frère de Vincent arrive. Je suis en pleurs, mes pensées se bousculent dans ma tête. Je réalise ce qui m'arrive sans le réaliser pleinement. Je suis à la fois inquiète et rassurée. Il est à l'hôpital, entre les mains des médecins. Je me dis qu'il sera hospitalisé quelques semaines et que, après une bonne rééducation, il s'en sortira.

Vincent est transféré des urgences en réanimation. Sa sœur est arrivée. Je n'ai plus vraiment la notion du temps. Les heures, les minutes, tout est confus. Une voix me rappelle à la réalité.

« Madame Lambert, suivez-moi s'il vous plaît. » Un médecin me fait pénétrer dans un couloir. La lumière est crue.

*
* *

« Il y a quatre possibilités pour Vincent : soit il s'en sort sans aucune séquelle. Soit il décède. Soit il s'en sort, mais avec une perte de sensibilité – l'un de ses cinq sens sera amoindri. Soit il reste vivant, mais ne se réveillera pas. »

Moi, je n'entends que deux issues possibles. J'ai du mal à imaginer une alternative entre la vie et la mort. Et comme, pour moi,

Vincent ne peut pas mourir. Forcément, il va vivre. Sa mort n'a aucun sens. Aucun.

« Il ne peut pas mourir, pas à son âge. »

Je me répète cette phrase, comme pour me convaincre. Vincent a eu trente-deux ans avant l'accident, ma fille vient d'avoir deux mois, moi j'ai vingt-sept ans. Je ne vois pas pourquoi on ne s'en sortirait pas, on est jeunes, on a un enfant. Tout est synonyme de vie, pas de mort.

La mort, je la crains, elle rôde, pas loin. Mais je n'arrive pas à l'envisager. Évidemment qu'il s'agit d'une possibilité verbalisée par le médecin, mais je n'arrive pas à l'envisager sérieusement. Je sais que la mort brutale existe, je l'ai déjà éprouvée dans mon métier, mais cela ne peut pas nous arriver à nous.

Notre vie commence. Notre vie de couple, notre vie de parents. C'est impossible qu'il meure maintenant, alors qu'il est le tout nouveau papa de la petite fille qu'il a tant voulue. C'est inconcevable qu'il ne la voie pas grandir. Cela n'a pas de sens.

Vincent qui disait toujours « je vais mourir jeune »... commençait tout juste à dire « quand on sera vieux »...

Là, dans ce couloir d'hôpital, me collent à la peau les phrases répétées par Vincent. Cette vision que je n'ai jamais prise au sérieux. Vincent vivait avec cette idée prégnante de la mort toute proche. Ces fulgurances, ces impressions étranges que notre bonheur est fugace, que tout pouvait cesser du jour au lendemain.

Sur les sièges froids de l'hôpital, je ferme les yeux et je l'entends me dire ce « je t'aime », prononcé il y a quelques heures, à peine quelques minutes avant son accident.

Les dernières paroles du reste de sa vie…

J'ouvre les yeux, cela fait des heures que nous sommes là. Je m'inquiète pour la petite, elle n'est pas sevrée. J'ai peur qu'avec le choc je ne puisse pas avoir de lait pour ce soir. J'en parle à une infirmière. Elle part en pédiatrie chercher un biberon préparé.

« Vous devriez rentrer chez vous. On vous téléphonera pour vous donner des nouvelles. Allez vous reposer, vous et votre bébé. »

Je pars avec mon beau-frère et ma belle-sœur. Il fait nuit. Nous ne nous parlons pas beaucoup. Je suis exténuée. J'ai l'impression de rentrer d'une expédition. Je n'ai aucune prise sur ce qui m'arrive. Je suis en pilote automatique. Tout est trouble autour de moi, je suis chez moi et en même temps je suis ailleurs. Je perçois seulement des bribes de réalité.

J'entends des bruits d'assiettes dans la cuisine, je rejoins la sœur de Vincent qui nous prépare des pâtes.

Elle décide de rester avec son frère.

Je vais à l'étage avec ma fille. Je n'arrive pas à trouver le sommeil, j'attends le coup de fil de l'hôpital. Je suis comme un zombie sursautant au moindre bruit. Et puis, je suis seule dans ce grand lit froid. Vincent reviendra-t-il un jour le réchauffer ?

La nuit dernière, il était là, contre moi. La sonnerie du téléphone me sort de mon état second.

« Madame Lambert, nous avons eu du mal à poser la voie veineuse centrale ; mais Vincent est prêt. Vous pouvez venir quand vous le souhaitez. »

Je suis là, Vincent…

J'ai le cœur serré. Je suis là, immobile, devant cette chambre du service de réanimation. J'ai peur de passer la porte, peur de ce que je vais voir. L'angoisse me cisaille au creux du ventre. Ma fille est endormie dans son couffin. Ma belle-sœur la surveille. Il faut que j'y aille, que j'ouvre la porte, que j'affronte la réalité.

« Tenez, madame, enfilez cette blouse… » Une infirmière m'accompagne dans la chambre.

Vincent est là, plein de tuyaux, encore plus branché que dans l'après-midi. Il a une voie veineuse, un cathéter pour mesurer la pression intracrânienne. Il est relié à des machines aux écrans sans cesse parcourus par des chenilles vertes et rouges avançant au rythme de son souffle, de ses battements de cœur et des pulsations imperceptibles qui révèlent encore la vie qui se cache en lui.

« Je suis là, mon Vincent… C'est moi, ta Rachel… » Je murmure. Comment savoir s'il m'entend depuis les abysses de son coma artificiel ?

J'ose à peine effleurer sa main. J'ai du mal à ressentir le contact de sa peau. Je ne sais pas combien de temps je reste ainsi, tiraillée entre l'émotion d'être auprès de lui et la sidération face à cette injustice qui s'abat sur nous.

Ma belle-sœur m'appelle. Elle est à l'entrée de la chambre avec la petite. Le bébé a besoin de moi.

J'ai du mal à interrompre ce moment étrange. Je me lève, je sors de la pièce. Ma fille a faim, elle tète encore toutes les heures et demie. Je pense à Vincent qui aimait tellement nous regarder pendant l'allaitement. L'allaitement, c'est la vie, peut-être que cela le ramènera à nous.

« Vas-y, crie, ma chérie, tu vas réveiller ton père », lance ma belle-sœur.

*
* *

Je rentre à la maison, en état de choc. Cette nuit, je dors sans sommeil. Le frère et la sœur de Vincent restent là, dans le salon, pour la nuit. Je sais que les parents Lambert ont été prévenus, et ils prendront la route demain.

Je suis sur le qui-vive. Quand je crois que je vais m'endormir enfin, un bruit dans la maison, un craquement du plancher, me retiennent. Moi je n'attends qu'un son, celui du téléphone. Cette sonnerie, je l'espère et je la crains. Sera-t-elle porteuse d'une bonne nouvelle ou la messagère de la mort ?

Je guette l'appel. Les premières quarante-huit heures sont cruciales pour le diagnostic.

Le lendemain matin, je suis sous la douche. L'eau coule sur mon corps. Je n'ai pas beaucoup dormi… L'eau est de plus en plus chaude, elle me soulage, j'ai besoin de ce réconfort. Vincent n'est plus là pour me serrer dans ses bras. Un éclair me traverse le corps. Peut-être ne reviendra-t-il pas dans notre maison. Peut-être ne dormira-t-il jamais plus contre moi.

Je m'effondre en larmes. Je lâche les vannes, mes sanglots sont si forts que, en bas, le frère et la sœur de Vincent m'entendent. Ils me demandent si j'ai reçu des nouvelles. Ils pensent que l'on vient de m'apprendre la mort de leur frère.

Je commence à recevoir des messages de soutien de la part de collègues. Je ne sais que leur répondre. J'ai beau travailler dans cet environnement hospitalier, affronter la maladie au quotidien, je ne me fais pas à l'idée que cela nous arrive. Je ne suis plus spectatrice des maux des autres, mais actrice.

*

* *

« Bonjour, c'est Rachel Lambert, je veux savoir comment se porte mon mari. S'il y a du mieux…

– La pression intracrânienne est correcte. Si vous voulez, vous pouvez venir le voir en début d'après-midi. »

Les médecins sont très sibyllins, très techniques. Ils ne donnent pas vraiment d'explication, à moi de lire entre les lignes.

Vincent ne va pas bien, mais son état n'a pas empiré. C'est déjà cela. Il faut me contenter de ces bribes. Je suis infirmière, je sais bien qu'ils ne peuvent en dire plus, car eux aussi suivent l'évolution des patients pas à pas. Ils marchent sur un fil.

Désormais, je serai funambule sur le fil du coma de Vincent.

DEUXIÈME PARTIE

La vie à son chevet

Ne vous inquiétez pas, madame...

Je fais tourner l'anneau autour de mon doigt. Mon alliance me rassure. Toucher le symbole de mon union avec Vincent m'aide à supporter mon nouveau quotidien. Il est là, sur son lit, en face de moi. J'ai l'impression qu'il me regarde, je nous imagine des discussions.

« Notre bébé grandit, tu sais, ses traits se dessinent de plus en plus. Elle est si belle, si vive.

– Elle me ressemble, notre jolie petite fille aux yeux bleus, tu ne trouves pas ? »

C'est comme si j'entendais Vincent me répondre. Cela fait des jours que je n'ai plus entendu sa voix, alors j'essaie de me la répéter, afin d'en garder la moindre modulation, le plus faible soupir. Si sa parole n'est plus, je ne peux pas concevoir que sa voix m'échappe.

Depuis fin septembre, je vis au rythme de Vincent, au rythme de la « réa ». Tous les après-midi, je suis à ses côtés. Les visites s'organisent en deux temps. En début, puis en fin d'après-midi ; le reste de la journée, il reçoit des soins. Parfois, je rentre en coup de vent chez moi entre les deux visites.

Ma mère ou des amies avec qui je travaillais me gardent la petite dans le couloir. Je continue à l'allaiter. Le seul moment où je me sens à ma place. D'un côté, il y a la petite, cette vie en éveil ; de l'autre, il y a Vincent, cette vie immobile, stagnante. Je fais ce qu'il y a à faire, je ne me pose pas de questions, je dois être là, solide avec mes deux amours.

Les tout premiers jours, j'ai pensé que, s'il mourait, le chagrin me tuerait. Mais ma fille qui grandit contre moi m'ancre à la vie. La petite n'a pas demandé pareille injustice, il lui faut un parent qui tienne le choc.

L'amour de ma fille emporte tout. Quoi qu'il arrive je ne suis plus la même personne.

Je meurs un peu en tant que Rachel, mais la maman que je suis est vivante. Je n'ai pas le choix. Je serai toujours mère. Mon devoir, c'est ma fille, son épanouissement, son bonheur, sa joie, lui donner une vie digne d'elle. Tout simplement.

« Bonjour mon amour… »

C'est horrible. Vincent enroule ses bras. Ce spectacle, pour qui le comprend, est insoutenable.

Si, au bout de dix jours, le pronostic vital n'est plus engagé, Vincent a fait une infection pulmonaire. Il fallait que l'infection soit évacuée pour arrêter la sédation. L'équipe soignante vient de le faire. Vincent réagit mal. Il enroule les bras, et je sais trop ce que cela signifie. Je l'ai appris en module de neurologie. Ce geste est le signe d'une souffrance neurologique intense. Je suis au supplice.

« Vous ne voyez pas qu'il enroule les bras…

– Madame, ne vous inquiétez pas. J'ai déjà vu des personnes faire cela et, finalement, elles s'en sont bien sorties.

– Vous ne pouvez pas me dire cela. Je suis infirmière, moi aussi, je sais bien ce que cela veut dire… Son cerveau est gravement endommagé. »

Je comprends qu'elle tente de me rassurer. De tout faire pour que je ne perde pas espoir.

« Vincent, m'entends-tu, je sais que tu souffres. N'aie pas peur, je suis là, je serai toujours là pour toi, pour apaiser un peu ta douleur, pour calmer tes tourments. »

Il ouvre péniblement les yeux. Son regard est trouble, voilé. Je le reconnais, ce regard, c'est celui de quelqu'un de handicapé au niveau cérébral. Je cherche en permanence la vivacité et la profondeur du Vincent que j'ai connu. Je cherche son âme.

Je lutte. En silence. L'insoutenable spectacle de Vincent avec ses membres enroulés me torture. Malgré tout ce que je sais, ce que je vois, l'irrationnel l'emporte parfois et je ne peux pas abandonner totalement tout espoir de le voir un jour rentrer à la maison, mais à cet instant je comprends que rien ne sera plus comme avant. Au tréfonds de moi, même si je ne veux pas me l'avouer, je sais que je vais devoir faire le deuil de notre vie, le deuil de notre vie d'avant.

« Nous ne baisserons pas les bras, mon amour. Je ne t'abandonne pas, nous nous sommes mariés pour le meilleur et pour le pire. Dans le pire, je te donnerai le meilleur. »

Tu n'as qu'à le mettre sous tutelle !

Ils sont tous là, ils se sont réunis chez moi. La famille Lambert est dans ma maison. Viviane, la mère de Vincent, a organisé une réunion de famille autour d'un café. Je ne suis pas à l'aise. C'est comme si l'on venait d'enterrer Vincent.

Ils sont tous là autour de moi, mais je n'arrive pas à m'impliquer, je perçois des bribes de conversation, chacun y va de son bon souvenir de Vincent. C'en est trop, cela ressemble trop aux réunions que l'on organise après des funérailles. Même si je peux comprendre le besoin de se réunir, d'autant que certains viennent de loin, moi je suis déjà dans autre chose, focalisée sur le rythme des visites.

Il faut que j'aille le voir, je veux voir mon mari, maintenant. Ma place n'est pas ici, ma place est auprès de lui. Près de son lit d'hôpital.

*
* *

Même si je dois mettre pour cela ma vie entre parenthèses, je ne peux compter que sur moi-même. La première semaine après l'accident, les Lambert s'étaient fait un planning pour que quelqu'un de la famille m'accompagne, garde ma fille, mais cela a été difficile à maintenir… La vie de chacun reprend un peu son rythme.

La petite tousse beaucoup en ce moment. Je l'emmène aux urgences, elle a une bronchiolite. Il faut l'hospitaliser quelques jours en pédiatrie.

Seulement quelques couloirs séparent Vincent de sa fille. Elle dans son berceau, sous surveillance respiratoire, lui avec tous ces tuyaux. Je fais des allers-retours entre les deux services, entre mes deux malades. Je ne prends pas de pause, j'agis par instinct de protection, je dois prendre autant soin de mon mari que de ma fille. Pendant ces deux hospitalisations, j'ai tout de même de la visite : une amie et la sœur de Vincent.

Je m'épuise. Mon père et son épouse, ma sœur et son fiancé, ma mère viennent tour à tour m'épauler. Une fois, je surprends ma sœur en train de masser avec douceur les pieds de Vincent.

*

* *

« Tu n'as qu'à le mettre sous tutelle ! me laisse-t-on entendre.

– Non, pas sous tutelle, pas cela ! Pas au bout de trois semaines. Je ne suis pas d'accord ! Il est trop tôt. Je ne veux pas qu'on cloue Vincent sur un lit d'hôpital. Je ne peux pas… »

Je trouve l'énergie de m'y opposer. Avec un notaire, nous obtenons qu'un juge m'autorise à représenter Vincent légalement. Ces démarches me coûtent. J'ai l'impression d'anticiper une situation que je refuse. Il va revenir. Ça ne peut pas être autrement.

Ta voix tendre et sonore

« Je crois entendre encore,
Caché sous les palmiers,
Sa voix tendre et sonore
Comme un chant de ramier… »

La voix chaude de David Gilmour et les notes de Bizet emplissent la chambre. Des violons, le chanteur de Pink Floyd, le groupe favori de Vincent pour tenter de le stimuler. Les paroles de la chanson de notre mariage résonnent en écho à notre histoire.

« Vincent, donne-moi une fois encore ta voix tendre et sonore… »

Je susurre au creux de son oreille, je vaporise quelques touches du parfum de notre fille sur son oreiller, j'approche le doudou du bébé un peu plus près.

Les médecins m'ont demandé de stimuler mon mari. Une musique qui lui plaît, une odeur familière, une voix aimée.

Tout pour le ramener à nous.

Il enroule toujours les bras, il a d'autres petits mouvements, ses muscles sont contractés en permanence. Sa mâchoire, elle aussi hypertonique, est constamment bloquée – déjà pour lui brosser les dents, c'est toute une histoire. Une sonde de Guedel doit être maintenue dans sa bouche pour éviter qu'il ne se morde.

Un jour, Vincent était si agité, il a tellement serré les dents qu'il s'est sectionné la langue. Je vois sa chair meurtrie, à vif.

Personne d'autre que moi n'était là pour être le témoin de cette horrible scène.

Vincent a une trachéotomie pour respirer. Puis, on décide de pratiquer une gastrostomie, on lui pose une sonde d'alimentation directement dans l'estomac. Un pas de plus vers la dépendance et l'immobilisme de Vincent. Je le vis assez mal, pour moi cela signifie qu'on le cloue au lit, et puis cela a un goût de handicap terrible. Lorsque j'étais infirmière, j'avais des patients sous gastrostomie… Vincent fait un abcès durant l'incision, je suis là, je lui tiens la main.

Pendant toute cette période, j'avais le soutien de deux amies, de ma mère, de ma sœur, de son fiancé, de mon père et de sa femme lors des visites. J'étais entourée par ma famille, mais si seule parfois. Le chagrin est indivisible. C'est notre vie qui est mise à sac, les autres peuvent avoir de la peine, mais leur quotidien n'a pas volé en éclats.

Moi, quel projet puis-je faire hormis celui d'offrir à ma fille la meilleure enfance possible ? Cette période doit être la plus belle de la vie, je me dois de lui faire ce cadeau.

Vincent reçoit la visite de sa famille, mais, malgré tout, la vie des autres, de nos proches, continue ; c'est normal, mais c'est difficile.

Plusieurs semaines après l'accident, ma belle-sœur m'apprend qu'elle a le projet d'acheter un appartement, qu'elle va devoir lever le pied sur les visites.

Si je veux que Vincent ait plus de visites, on m'explique que je n'ai qu'à le transférer dans la ville où ses frères et sœurs habitent. Difficile à avaler pour moi qui fais des allers-retours incessants avec mon bébé. La personne qui m'assène cela s'en rend-elle compte ? J'ai l'impression que personne ne réalise ce que je vis.

Il faudrait que je rallonge mon temps de trajet de vingt minutes et inflige cela en plus à ma fille. Ne suis-je déjà pas assez épuisée ?

*

* *

La musique de Pink Floyd flotte dans la chambre, Vincent ne bouge pas. Je suis certaine que le violon de l'opéra de Bizet lui fait du bien, l'apaise, tout comme il m'apaise moi.

Je ferme les yeux. Je pense à ma petite fille qui vient de vivre son premier Noël. Un Noël avec de la neige, mais sans son papa. J'aurais tellement aimé autre chose pour mon bébé.

Sans elle, je n'aurais pas fêté Noël cette année. Ma sœur et son compagnon étaient avec nous. Comme pour compenser la douleur, j'ai couvert ma fille de cadeaux, mais, malgré le déluge de paquets et les étoiles dans les yeux de ma fille, Noël a eu un goût amer.

Depuis trois mois, ma vie se limite – ou presque – à une chambre et à un couloir gris d'hôpital.

Deux infirmières s'approchent timidement de moi : « On voulait vous dire quelque chose, ne croyez pas qu'on vous évite, mais on ne sait pas quoi vous dire, vous êtes seule avec votre petite fille dans le couloir, même un bonjour parfois, cela nous paraît incongru. »

Elles avaient l'habitude de gérer des situations douloureuses et pourtant elles n'étaient pas à l'aise avec moi, avec nous. Bizarrement, leur parole me fait chaud au cœur.

Je comprends que notre situation interpelle, choque peut-être : un homme dans le coma, dont l'avenir est totalement incertain, une femme seule avec son bébé qui s'éveille à la vie dans cet environnement médical… Tout cela n'est pas « normal ».

Je suis parfois en colère contre la vie. Là où les autres mamans peuvent profiter pleinement des moments avec leur bébé, moi, il y a toujours une sollicitation qui me rappelle à l'absurde de mon quotidien. J'avais imaginé tant de choses à faire avec ma fille, je rêvais de l'amener aux bébés nageurs, par exemple. Avant sa naissance, nous en parlions, Vincent et moi, imaginant avec délice notre bébé nageant dans l'eau. Tous ces moments privilégiés, je n'y ai pas droit.

Parallèlement à cette frustration, la culpabilité s'insinue en moi. La culpabilité de vivre ce que Vincent ne peut pas vivre, comme la première dent de la petite, ses premiers pas ou ses premiers sourires.

Toutes ces premières fois, toutes ces premières joies, auxquelles il n'a pas droit. Tous ces instants précieux de vie que nous avions rêvés ensemble, que je vis sans lui.

Voilà ton papa

Je me regarde dans le miroir. Je sors mon mascara, mon blush, un peu de rouge à lèvres.

Ma trousse de maquillage n'a pas servi depuis des semaines. J'ai perdu beaucoup de cheveux avec le choc de l'accident et de l'hospitalisation de Vincent. J'ai veillé toutes ces semaines à rester propre, présentable, mais je n'avais pas la tête à la coquetterie, à soigner ma féminité. Je me rends compte, en m'observant dans la glace, que je me suis mise totalement entre parenthèses.

Aujourd'hui, notre fille a six mois. Il faut marquer le coup. Alors je me fais belle, pour elle et pour Vincent. Je ferai une jolie photo de nous deux pour l'afficher dans sa chambre.

Des semaines maintenant que je me suis oubliée. Je n'existe plus en tant que femme, en tant que personne. Je me suis inconsciemment réduite au rôle de mère, d'accompagnante.

*

* *

Le 5 janvier 2009, Vincent est transféré au service de neurologie. Je me prépare à ce grand chamboulement. Oui, c'est un bouleversement, car nous avions pris nos habitudes aussi bien organisationnelles, dans le service, qu'avec le personnel soignant. Ça me secoue aussi, car, tant que Vincent restait en réanimation, c'était un signe que nous étions toujours en phase aiguë et que tout pouvait être encore possible.

Changer pour un service standard me fait penser que les choses s'inscrivent insidieusement dans le temps. Malgré tout, je m'accroche à l'idée que cette place en neurologie est quand même une chance. La situation aurait pu être pire, il aurait pu être transféré en moyen ou long séjour. Ma crainte était qu'il se retrouve dans un univers de personnes âgées. De sa pleine conscience, il ne l'aurait pas toléré.

Je suis prête à partir pour l'hôpital. Le téléphone sonne, c'est ma sœur.

« Rachel, mamie est morte…

– Quoi ? Mais, la dernière fois, elle avait l'air d'aller si bien. C'est si… brutal.

– Il faut que tu viennes pour l'enterrement.

– Oui, j'ai compris, je serai là, mais il faut que tu me laisses encaisser ce nouveau choc. Tu sais, c'est si difficile pour moi de m'absenter en ce moment, juste la semaine où Vincent est transféré en neurologie. Juste la semaine où il arrive dans un nouveau service, un nouvel environnement. Je voulais être d'autant plus présente, afin qu'il perde le moins de repères possible. La neurologie, ce n'est certes pas la vie normale, mais le changement est radical. »

J'irai aux funérailles de ma grand-mère, mais, avant, je dois accueillir Vincent dans sa nouvelle chambre.

Je suis seule dans le couloir, j'attends qu'on passe Vincent du brancard au lit. J'entre. Pour le moment, la pièce est vide, froide, sans âme, à moi d'en faire un lieu de vie. Je dispose des photos de nous, de la petite, je vais essayer d'en afficher une nouvelle toutes les semaines.

Les visites en neurologie ne sont plus entrecoupées, nous allons pouvoir passer encore plus de temps ensemble. Je lui fais installer un poste de télévision. Vincent adorait l'émission « Des chiffres et des lettres », il était très fort en chiffres, moi meilleure en lettres.

J'essaie de créer un semblant de ce qui pourrait ressembler à notre quotidien.

La petite porte une robe de tous les jours. Aujourd'hui, ma fille va pouvoir entrer dans la chambre de son père. En réanimation, les enfants ne sont pas acceptés ; en neurologie, c'est possible.

J'ai le trac, je sens monter en moi l'émotion. Il faut que je tienne le coup. Ma fille est serrée contre ma poitrine. Je sens son cœur qui bat.

Nous entrons, Vincent est calme. Je m'approche doucement. Je pose le bébé sur ses jambes. Puis je lui fais sentir ses petits pieds.

« Ma chérie, voilà ton papa… »

La petite fait de jolis sourires. Elle cherche une interaction avec son père, lui tape doucement sur la tête.

Au bout d'une heure, nous sortons de la chambre. Je suis déboussolée, bouleversée. Heureuse que la petite ait pu enfin revoir son père, que Vincent ait pu la sentir si proche de lui, mais triste, si triste à la fois.

Pendant toute cette période, ma famille se rend disponible les week-ends. Certains des frères et sœurs de Vincent, ceux qui vivent dans la région, continuent de le visiter de temps en temps. Ses parents, quant à eux, ne sont pas vraiment présents.

Au niveau médical, la situation est stationnaire. Afin de faire avancer son état cognitif, nous faisons des demandes de transfert pour Garches ou Berck, dans le Pas-de-Calais, qui proposent les meilleurs centres de rééducation. Idéalement, sa mère préférerait Paris, ce serait plus central et plus pratique pour elle et son mari… Pour sa petite-fille et moi, par contre…

L'unité de rééducation du centre d'éveil de Berck propose les techniques de stimulation les plus performantes, des équipements de pointe et un personnel ultracompétent. Sur place, l'équipe a la réputation d'effectuer un travail remarquable auprès des patients traumatisés crâniens. Nous attendons qu'une place se libère.

L'attente. Nous sommes toujours dans l'attente de quelque chose, cela n'en finit pas : on attend une place, une amélioration de l'état de Vincent…

Rien ne vient. L'attente n'est jamais satisfaite.

Nous ne ferons pas la fête ensemble

Comme tous les soirs depuis le mois de mars, j'installe la baignoire de la petite dans le couloir, car elle ne rentre pas dans la salle de bain. Je la pose sur une serpillière. Et quand le bain est terminé, je porte la bassine pour la vider dans le bac à douche. Après la tension de la journée, ce rituel m'épuise.

Finalement, Vincent a été accepté à Berck. Il a fallu partir pour trois mois et demi. Je garde la maison et je loue en plus un appartement sur place. J'ai pris l'essentiel pour tenir le temps d'un trimestre. Je n'ai pas hésité un instant. Il faut être à ses côtés dans son combat pour l'éveil des sens.

Madame Lambert était là les premiers jours, afin de me laisser la latitude de m'installer. J'ai trouvé un meublé désuet mais confortable, à l'autre bout de Berck : une chambre, une petite cuisine, un salon avec un clic-clac, une salle de bain minuscule.

Le rythme n'est pas le même qu'à Châlons. On alterne une heure de visite, une heure de repos, puis une heure de visite encore. Les patients sont très fatigués, tout le temps stimulés. Je fais le forcing pour qu'on m'autorise à venir avec la petite. J'obtiens la permission d'un jour sur deux. J'essaie souvent de respecter la consigne, consciente du passe-droit que l'on m'octroie.

*

* *

Je marche sur la plage, il fait froid, une pluie légère fouette mon visage. La petite et moi, nous bravons le temps maussade pour emplir nos poumons de cet air iodé et vivifiant.

Durant l'heure séparant les deux visites, j'ai pris l'habitude d'aller marcher sur la plage. Cela me console que ma fille en profite un maximum. Je marche des kilomètres sur cette plage blonde et froide. Ce sont mes pauses, mes respirations.

Vincent est bien installé, sa chambre est agréable, avec une vue sur la mer, une salle de bain spacieuse. Le personnel est très attentif. Ils tentent de le mettre à la piscine, Vincent est réfractaire. Ils ne le forcent pas, n'insistent pas. Souvent, on l'emmène dans une grande salle pour faire rouler son corps sur un tapis afin qu'il ressente ses membres.

Il pleut sur cette plage et aujourd'hui j'ai le moral au plus bas. Nous sommes le 3 avril. Mon premier anniversaire sans Vincent, du moins sans le Vincent d'avant. Nous ne ferons pas la fête ensemble.

Je trouve que la vie est bien injuste. Si je n'avais pas la petite dans les bras, je crierais ma peine au monde, je hurlerais ma colère face à cette existence absurde. Ne pas pouvoir partager avec la personne que j'aime les temps forts de la vie, mes joies, même si elles sont rares et furtives, est un crève-cœur.

J'aurais tant aimé être avec Vincent pour mon anniversaire, ou simplement aller dîner en tête-à-tête, boire un verre et rire ensemble. Son rire franc et chaud me manque si fort. Ne plus sentir sa peau la nuit contre la mienne m'accable. Souvent, mon sommeil est agité, j'ai du mal à m'endormir. Vincent n'est pas là, et je ne peux pas me dire que ce n'est qu'un cauchemar…

J'ai appris que ma belle-sœur était enceinte, elle avait eu des jumeaux en même temps que nous notre fille. Je ne suis pas jalouse, mais ces bonnes nouvelles sont comme des piqûres de rappel que la vie des autres continue.

*

* *

« Bon anniversaire, Pierre ! »

Le vieil homme souffle ses bougies, toute la famille est là. On rit, on mange, on boit. Pierre Lambert célèbre ses quatre-vingts ans. Pour l'occasion, les Lambert sont venus à Berck et ont privatisé un restaurant dans un parc d'attractions.

« Comme cela, nous faisons d'une pierre deux coups, toute la famille est conviée, ainsi nous pourrons partager un repas de fête et ceux qui le souhaitent pourront rendre visite à Vincent. »

L'initiative me semble décalée. Pendant tout ce repas, je suis désabusée, mais j'essaie de faire bonne figure. Les autres n'y peuvent rien, ils ont le droit de faire la fête. Mais associer un anniversaire à des visites à un proche hospitalisé dans un état grave me laisse perplexe.

La vie est cruelle, car elle continue et chacun y va de ses projets. Dans cette abnégation complète que je m'inflige, je ne comprends pas que les autres ne souffrent pas de la même façon que moi et ne se privent pas de plaisirs de la vie.

Je reste jusqu'au bout, je me dis que je représente Vincent.

Il a levé la jambe !

Je suis auprès de Vincent. Je le fixe, sans rien dire. Par la fenêtre, j'aperçois les dunes blondes, les cerfs-volants tournoyer au-dessus de la mer agitée. J'effleure sa joue, je caresse son bras. Soudain il bouge sa jambe. Il la lève plus haut que de coutume, vraiment beaucoup plus haut. Je file dans le couloir à la recherche d'une infirmière.

« Il lève la jambe, il lève la jambe haut !

– Il n'y a aucune certitude là-dessus. Ce n'est quasiment jamais par les membres inférieurs que les premiers signes d'éveil se manifestent. »

Il vaut mieux être prudent, mais ce mouvement est tellement nouveau que je m'accroche à la moindre évolution, même si, médicalement, elle ne constitue pas la preuve d'une amélioration. À certains moments, il pouvait y avoir une corrélation entre un mouvement de sa jambe et un inconfort.

Mais, aujourd'hui, le voile dans les yeux de Vincent est tombé, j'entrevois son regard clair d'avant, je crois reconnaître l'éclat de ses yeux perçants. Je sais bien que cela ne sert à rien d'agiter de faux espoirs. Alors, je pense en sortant de cette visite que l'on a passé un bon moment ensemble. Pas de fausses joies, juste la réalité à petits pas.

*

* *

Au bout de trois mois à Berck, Vincent est prolongé de deux semaines. Mais s'il n'y a aucun signe d'éveil sur lequel s'appuyer, il faut laisser la place à ceux qui sont sur liste d'attente. Ceux pour qui les médecins espèrent encore. Les soignants ne nous ferment cependant pas totalement la porte. On me dit que si Vincent devait montrer un signe encourageant, nous pourrions les recontacter et qu'ils le prendraient de nouveau.

Non, on ne le réanime pas...

« Madame Lambert, prenez place. »

Je suis dans une salle du CHU de Reims. Vincent a été admis à l'hôpital des Capucins. Je craignais qu'il n'aille dans un mouroir. Il va intégrer un service spécialisé dans la prise en charge des patients en état pauci-relationnel.

Mais je suis extrêmement déçue. J'ai vécu le départ de Berck comme un échec : là-haut, c'était difficile, mais j'avais l'impression que nous nous battions pour quelque chose, que nous faisions tout pour éveiller Vincent. Désormais, je ne m'attends plus à grand-chose, ni en bien ni en mal. L'essentiel aujourd'hui est qu'il soit bien, le plus apaisé possible.

J'ai eu peur qu'il souffre durant le trajet de Berck à Reims, le voyage aller avait été difficile, Vincent avait eu de la température. En fait, depuis le début de son hospitalisation, il est resté en bonne santé relative, hormis quelques accès de fièvre et une infection pulmonaire. Je vais pouvoir retourner dans ma petite maison, même si Reims est plus éloigné que Châlons de chez moi.

Le transfert s'est bien passé. Vincent n'a pas souffert pendant le trajet. Chaque moment sans souffrance est vécu comme une victoire. Vincent a les dents abîmées, il n'a plus de muscles. Parfois, quand il a la bouche fermée, les yeux clos, j'ai l'impression qu'il est simplement endormi, je revois alors l'image de celui qu'il était auparavant. Je me réconforte ainsi et, en même temps, je me demande ce qui est le plus violent : voir le reflet de celui qu'il ne sera plus ou les séquelles de son accident ?

Pour son arrivée à Reims, je passe un entretien d'entrée avec l'équipe pluridisciplinaire. Les médecins sont face à moi, j'ai l'impression de passer un grand oral. Sauf qu'il n'y a pas de note à l'issue de cet examen.

Je dois raconter à nouveau toute l'histoire de mon mari, mettre de l'humain derrière un dossier médical. Mon récit est plusieurs fois interrompu par mes larmes.

« Madame Lambert, s'il se passe quelque chose, doit-on tenter de réanimer votre mari ou, s'il y a une suspicion de maladie grave, doit-on poursuivre des investigations douloureuses ? »

C'est la première fois que je suis confrontée à la question. Je sais que Vincent n'aurait jamais voulu que l'on donne l'ordre de le réanimer. Mais rapporter les convictions de son mari sur la fin de vie est très douloureux. Je prends pleinement conscience que cette issue fatale peut arriver.

Avant, tout était abstrait, le fait de formuler la question me ramène à la cruelle réalité. Il faut que je prenne la parole, que je rapporte clairement les volontés de Vincent, même si elles me dévorent.

« Non, on ne le réanime pas. »

C'est certainement la phrase la plus dure et la plus forte que j'aie prononcée de toute ma vie. Celle qui me fait sentir pleinement ma responsabilité d'épouse, de compagne, pour le meilleur et pour le pire. Le pire, ne pas le réanimer – donc le laisser mourir –, s'avère le meilleur pour Vincent.

« Non, on ne le réanime pas. »

La réunion se termine ainsi. Sous le choc de cette nouvelle réalité.

*

* *

La mère de Vincent était à Reims, je lui fais part de ma prise de position : je lui annonce clairement qu'en cas de problème on ne réanimera pas son fils ; elle ne formule pas d'opposition.

*

* *

« Excusez-moi, vous ne pouvez pas le laisser ainsi, ce n'est pas possible pour lui !

– Oui, madame, je comprends, mais ce sont les habitudes ici. Surtout ne vous inquiétez pas, nous allons rectifier cela tout de suite. »

Je suis aux Capucins, devant la nouvelle chambre. Les infirmières viennent de l'installer. Vincent est presque nu, uniquement allongé sur une alèse. À Berck, il était habillé.

« Merci, Vincent est très pudique, sa dignité est en jeu. »

Son état est stationnaire. J'ai l'impression de m'agiter dans tous les sens et que, pour lui, cela ne change rien. Il est toujours là, immobile, dans son lit. Ce n'est pas une vie, ni pour lui, ni pour moi, des mois que cela dure, des mois que le fossé se creuse entre le Vincent d'avant, le Vincent en mouvement, et le Vincent d'aujourd'hui.

On finit par s'habituer à tout, même au spectacle de son mari en souffrance, de son mari bloqué dans son immobilité. Une habitude induite par la routine, mais qui n'entame en rien la révolte permanente. La médecine met parfois l'humain dans une situation insupportable, le plonge dans un abîme de cruauté.

Tout ce que je peux faire ne change rien à sa situation. Depuis un an, j'ai l'impression d'avoir gravi des montagnes de courage, de douleur, mis toutes les chances de notre côté en passant par trois établissements hospitaliers, tout cela pour se retrouver toujours au même point. Vincent immobile sur son lit.

Parfois, je me surprends à y croire encore. « Tant que la première année ne s'est pas entièrement écoulée, il y a encore de l'espoir », répètent les médecins. Tenir bon, ne pas baisser les bras, nous n'avons pas le choix.

Avant ce triste anniversaire, nous fêtons la première année de notre fille. J'ai fait un gâteau au chocolat en forme de cœur. Nous installons Vincent dans un fauteuil pour descendre dans le parc : je ne veux pas que la petite souffle sa première bougie dans l'enceinte de l'hôpital.

Ce que je ressens est ambivalent. Bonheur de voir ce bébé devenir de plus en plus une fillette, et désarroi devant cette aberration : une enfant pleine de vie, un mari présent et absent à la fois. Tant de peine que je contiens au quotidien et que je ne veux pas voir éclater un jour heureux comme celui-là.

Je suis fière de ma fille, mais Vincent n'est pas là, même si son corps est avec nous. Ce n'est pas l'anniversaire qu'il aurait rêvé pour sa fille. J'en suis certaine.

La petite fait ses premiers pas depuis quelques jours. Elle tente en vain de marcher dans le parc de l'hôpital, elle vacille, tombe, éclate de rire et se redresse.

Je prends des photos. Afin que ce moment ne s'efface jamais. Je me retourne en souriant, puis regarde Vincent. Mais est-ce seulement lui sur ce fauteuil ?

Seule

Le silence règne dans la chambre lumineuse et spacieuse. Tout ici est ultraperfectionné, à la pointe de la technologie. Je me dis que peut-être, ici, quelque chose est possible, même si je refuse de m'abandonner à cet espoir.

Vincent a des écouteurs dans les oreilles, il a une sonde à oxygène reliée à un ordinateur.

« Monsieur Lambert, le but est de faire cesser la musique par votre simple respiration. Ce n'est pas compliqué, vous verrez, vous pouvez y arriver. »

Aucune réaction. La musique continue à résonner. Nous attendons plusieurs minutes, rien ne se passe.

« Permettez-moi d'essayer. Vincent, c'est moi, Rachel, tu m'entends. Il faut qu'en respirant tu arrives à faire cesser la musique. »

Aussitôt la musique s'arrête. Je n'en reviens pas. Vincent n'y arrive pas avec la personne soignante. Avec ma voix, cela fonctionne. Il réagit à ma voix. Il sent que je suis là, il sait que je ne l'abandonne pas, il sait que je me bats avec lui, pour lui.

Depuis quelques jours, nous sommes en Belgique.

Après un statu quo de deux ans, deux longues années sans aucune avancée du côté de Vincent, à osciller entre espoir et résignation, les parents Lambert m'ont parlé d'un professeur belge, Steven Laureys, qui dirige le Coma Science Group à Liège, une structure ultraspécialisée dans la prise en charge des patients qui évoluent après leur coma vers un état végétatif ou un état de conscience minimale.

Ce centre et le travail de son directeur rallument en moi une lueur d'espoir. Cependant, cette hospitalisation n'est pas du tout prise en charge par la Sécurité sociale, alors je me débrouille pour trouver un financement.

Vincent est admis à Liège en juillet 2011, pour une semaine.

Entre les examens, j'échange beaucoup avec la kiné et, surtout, la neuropsychologue. Je lui parle de Vincent avant son accident, de son état depuis ses trois ans d'hospitalisation. Après quelques jours, elle m'avoue qu'elle perçoit qu'il n'a pas envie d'être là.

La semaine se passe, ma fille est à mes côtés, elle a désormais trois ans. Nous ne sommes pas tout le temps dans la chambre, je tiens à ce qu'elle ait ses heures de sieste, ses moments d'amusement, toujours cette volonté de me consacrer au maximum à Vincent sans que cela se fasse aux dépens de ma fille.

« Papa, papa ? »

À un an, la petite tentait encore d'obtenir une réponse de son père à ses sourires. Elle donnait beaucoup, elle était tendre avec lui, cherchait à happer son regard, mais elle ne recevait rien. Interrogative, elle plongeait ses yeux dans les miens.

« Ton papa est content, il sent que tu es présente, mais il ne peut pas te répondre. »

À force de mettre des mots sur ce dont souffre son papa, elle a compris. Cette relation à sens unique me fend le cœur, mais je me dis qu'il la perçoit à ses côtés, qu'elle lui apporte un peu de vie, de joie, d'envie de se battre.

De ce séjour belge, je n'attends pas grand-chose, même si l'espoir est toujours tapi au fond de moi. J'ai conscience du fait qu'ils ne vont pas le guérir, mais je veux aller jusqu'au bout, ne pas avoir de doutes, de regrets, même si je demeure toujours lucide sur la situation. Quelques semaines après notre séjour, le professeur Laureys me convoque pour un bilan. Les parents de Vincent seront présents.

« Madame Lambert, concernant votre mari, nous avons donc diagnostiqué un état de conscience minimale "plus", c'est-à-dire que Vincent perçoit la douleur.

« Je recommande par ailleurs des séances d'orthophonie intensives ainsi qu'une opération pour enlever la pièce métallique fichée dans la tête de Vincent, qui empêche de faire des IRM et peut provoquer des crises d'épilepsie. Il faut aussi résorber l'hydrocéphalie, réduire les écoulements de liquides dans son crâne pour voir si cela a une incidence sur l'éveil. Je ne vous cache pas, madame, que son état est vraiment grave. »

Il n'en a pas terminé. À la fin de notre rendez-vous, le médecin prononce naturellement pour lui le mot encore tabou en France : euthanasie. Nous sommes en Belgique, ici l'euthanasie n'est pas taboue, elle est même dépénalisée depuis 2002.

Les Lambert viennent pour les résultats. Tout le monde estime que la décision ne doit être prise que par moi. C'est ce que Vincent aurait certes voulu, mais je ne me sens pas capable de porter une telle décision.

Dans la voiture du retour, je fais un malaise. Je sais très bien que, une fois passé l'opération et les séances d'orthophonie, on aura atteint le bout du bout. Il me faudrait accepter de le laisser dans cet état pendant des années.

Une idée ne cesse désormais de me hanter : si je n'ai pas le courage de demander une euthanasie, comme Vincent l'aurait souhaité, ma vieille amie la culpabilité ne va plus me lâcher. J'aurais trahi Vincent en ne faisant pas honneur à ses volontés.

J'essaie de repousser ces pensées et de me concentrer sur la mise en œuvre de l'opération.

L'opération s'est bien passée

Vincent se raidit. Il se laisse glisser de son fauteuil. Il n'a pas envie, il n'a plus envie. Je voulais lui faire couper les cheveux, mais à quoi bon le forcer. Il a cette incroyable capacité à se laisser tomber de son siège, à manifester son opposition, son mécontentement, sa douleur.

C'est sa manière à lui de communiquer. Parfois il émet des grognements, il s'oppose à la toilette, il serre les jambes. Il est encore plus réfractaire quand c'est un homme.

Depuis la fin de l'été, nous sommes à Reims. Vincent a retrouvé sa vie alitée. Son corps est immobile, raide, relié à une sonde gastrique. Ses bras se sont repliés. L'hôpital a déménagé de site à l'automne. Je lui ai reconstitué une belle chambre, avec des photos de notre fille qui grandit.

Parfois, je le descends en fauteuil, je le faisais surtout quand il était aux Capucins, car il y avait un petit parc, et Vincent était un peu moins raide. Et moins dans l'opposition. Je l'habille pour les grandes occasions. Pour le mariage de sa sœur en 2010, il portait un costume et nous avons fait des photos. À chaque anniversaire de la petite, nous faisons cet effort ainsi que pour tous les Noël.

Pour elle, pour moi, pour lui peut-être…

Avant de pouvoir débuter les séances d'orthophonie, il faut opérer Vincent afin d'extraire la fiche métallique de son crâne, et ainsi éviter les crises d'épilepsie, et parallèlement réduire l'hydrocéphalie, deux procédures distinctes pour améliorer l'éveil. L'opération est programmée pour mi-février 2012. Elle doit se dérouler sur le site mère de l'hôpital. Vincent va passer deux nuits dans une nouvelle chambre, dans un environnement qu'il ne connaît pas, avec un personnel soignant totalement étranger. Je crains qu'il ne se sente perdu. Je lui fais confectionner un grand poster pour qu'il ait des repères visuels, avec des photos de nous et de notre fille.

Le jour de l'opération, je suis là tôt le matin. Encore une fois, je suis dans l'attente, à ses côtés. Nous voici soudés comme jamais à l'approche de cette nouvelle épreuve. Nous attendons que ce soit son tour de passer au bloc opératoire.

Ses parents sont à Reims, sa mère a également décidé de rester pendant l'intervention. Le médecin qui suit Vincent depuis 2009 a obtenu l'autorisation d'assister à l'opération.

L'intervention est longue, interminable, je ne peux dire exactement combien de temps elle dure. J'ai mon téléphone portable entre les mains. Sur l'annonce d'accueil de ma messagerie, il y a encore la voix de Vincent. Je l'écoute. Cela me fait du bien. Je ne peux me résoudre à enregistrer un nouveau message par-dessus, je ne veux pas effacer ce seul souvenir de sa voix, pour que Vincent soit toujours avec moi.

Cela surprend beaucoup de monde lorsque l'on essaie de me contacter, mais, après tout, chez les autres couples, il n'est pas extraordinaire de tomber sur la voix du conjoint. Nous sommes toujours ensemble, à notre façon.

*

* *

Pour l'opération, Vincent n'a pas pu avoir d'anesthésie générale. Ils pratiquent une autre forme d'anesthésie. À la visite préopératoire, j'avais prévenu l'anesthésiste que, en cas de problème, je ne souhaitais pas que l'on réanime Vincent, conformément à ce qu'il désirait.

Monsieur Lambert arrive dans l'après-midi, je suis toujours dans la salle d'attente, pleine d'angoisse, le chirurgien le reçoit afin de lui faire l'exposé de l'intervention. Le père de Vincent était médecin.

Après plusieurs semaines d'absence de sa part, je prends assez mal le fait d'être exclue de cette discussion, alors que c'est moi qui ai dû motiver cette opération. Moi qui suis l'accompagnante au quotidien, tout médecin retraité qu'il est, je ne vois pas pourquoi il aurait plus accès au corps médical que moi. On me laisse seule avec mes interrogations dans cette salle d'attente. Seule avec mes doutes, mes craintes, mes espoirs aussi.

Heureusement, le médecin qui suit Vincent depuis toutes ces années et qui a assisté à l'opération arrive rapidement pour me donner des nouvelles.

« L'opération s'est bien passée. La fiche métallique a été retirée. »

Je suis tellement soulagée. Je dois voir Vincent, maintenant, sans plus attendre.

Vincent revient rapidement dans sa chambre. Je trouve qu'il a le regard beaucoup plus clair, plus présent. Je ne m'attends pas à un miracle, mais l'espoir enfoui en moi affleure. Ce n'est plus l'espoir d'une guérison, mais l'espoir d'un début de communication. L'orthophonie peut débuter. Il suit des séances soutenues, plusieurs fois par semaine.

Je n'ai pas le droit d'y assister, cela parasiterait le travail. Il ne faut surtout pas ajouter d'éventuelles stimulations, même le fait d'être présent peut perturber le bon déroulement des exercices. La spécialiste me fait des comptes rendus réguliers, m'explique ce qu'elle essaie d'obtenir de Vincent :

elle stimule notamment son goût en mettant des saveurs sur le bout de sa langue, elle cherche une réponse, à trouver ce sur quoi elle peut s'appuyer pour déterminer un mode de communication. En dépit de quatre-vingt-sept séances, elle n'arrive à rien de probant.

Il faut se rendre à l'évidence. Dans cette course folle à l'autonomie, nous ne nous heurtons, Vincent et moi, qu'à des échecs, des barrières insurmontables. Plus de quatre ans après l'accident, nous n'apercevons aucune lueur au bout de ce tunnel. Ce statu quo est insupportable.

Vincent ne va pas bien. Vincent est en grande souffrance. Depuis des mois, il a du mal à tenir dans son fauteuil, son bassin est de moins en moins souple, son buste de plus en plus raide. J'ai parfois l'impression qu'il est prisonnier de son corps. Il alterne des périodes de veille et de sommeil, bouge les yeux, perçoit la douleur, mais nul ne peut affirmer s'il comprend ce qu'on lui dit ou s'il pense. S'il esquisse un sourire ou une larme, nul ne sait comment les interpréter. Surtout ne pas essayer d'y lire l'expression d'un sentiment, de bien-être comme de gêne, cela peut être une simple réaction réflexe.

L’avenir s’assombrit.

Une promesse que je ne peux pas te faire

Les médecins n'ont noté aucune amélioration pour Vincent. Ils sont désolés.

Je le sais… Que faire maintenant ? Je sens bien que ce n'est pas facile pour eux non plus : ils ont besoin de savoir quels étaient les souhaits de Vincent concernant la fin de vie.

Depuis plusieurs mois, les médecins ont remarqué qu'il manifeste des signes d'inconfort, voire de refus de soins. Ils se posent la question de la pertinence des traitements et d'une éventuelle obstination déraisonnable...

Début 2013, l'équipe dirigée par le docteur Eric Kariger me convoque. Ils veulent de nouveau savoir quelles étaient les volontés de Vincent. Je ne suis plus seulement là avec eux, dans cette salle de réunion d'hôpital, ma pensée est aussi avec Vincent, lors des jours heureux.

*

* *

L'année de notre mariage, en 2007, Vincent et moi discutons de notre avenir, de nos projets de vie. Au fil de la conservation, nous évoquons le sujet de la fin de vie et du grand handicap. Il veut que je sache que si jamais, un jour, il est pour une raison ou pour une autre en état de grande dépendance, il préférerait mourir que de rester cloué sur un lit. Vincent veut me faire promettre que si quelque chose lui arrive, je ferai ce qu'il faut pour qu'il parte.

Il vient de m'envoyer une flèche en plein cœur. Je sais à quel point il est sérieux. J'ai les larmes aux yeux. Je lui dis que c'est une promesse que je ne peux pas lui faire, que je n'en serai jamais capable.

Aujourd'hui, je n'en suis toujours pas capable, d'ailleurs. Je crève de nous survivre, Vincent, mais je dois le faire pour toi.

Vincent n'a certes jamais laissé de directives anticipées écrites, ni désigné de personne de confiance dont l'avis aurait compté plus qu'une autre. Nous ne connaissions pas la loi Leonetti malgré notre statut d'infirmier. Pourtant, nous en avons parlé à plusieurs reprises. Sur cette question, Vincent était ferme. Avant même de m'exposer son point de vue sur la fin de vie, j'avais pu me rendre compte en le côtoyant dans notre milieu professionnel qu'il avait un rapport compliqué au handicap, qu'il soit physique ou mental.

Je travaillais souvent avec des handicapés, le soir cela m'arrivait de parler de ma journée et d'évoquer l'état de ces patients. Il ne se gênait pas de dire ce qu'il pensait : pour lui, c'était un non-sens de rester alité pendant des années. Il avait une vision assez radicale des choses : il était pour lui préférable de partir, plutôt que de rester en vie « comme un légume ». Il employait des mots très crus : il disait qu'il valait mieux être « piqué ». Entre nous, ce n'était pas du tout un sujet tabou, on en parlait librement.

*

* *

Les médecins du service attendent ma réponse. On ne me brusque pas. Il faut que je partage les volontés de Vincent, je n'ai pas le droit de le trahir. Les médecins sont là pour m'écouter, pour l'écouter. À moi de transmettre ses volontés.

L'entretien avec l'équipe médicale est douloureux : c'est terrible de répéter ce qu'il pensait, dur de se projeter dans l'idée de sa mort. Mais, en même temps, j'ai pour la première fois la sensation que l'on a entendu la voix de Vincent, qu'on a enfin compris qui il était.

Les médecins me parlent pour la première fois de la loi Leonetti, qui offre un cadre légal, fixé par les médecins avec une objectivité médicale pour protéger le patient de l'obstination déraisonnable. Leur décision n'est pas encore prise, ils entament seulement leur processus de réflexion. Ils en sont au tout début.

Suite à l'entretien, j'épluche la loi et le rapport parlementaire, je lis tout en large et en travers. Je la trouve sécurisante, car c'est le corps médical qui prend la décision. Après tout, c'est la médecine qui crée la situation, cet état d'entre-deux, de vie et de non-vie.

Il revient donc à la médecine de prendre ses responsabilités.

Quand elle ne peut plus rien apporter que cette vie de non-sens, que l'on a l'assurance du fait que l'on a été au bout de ce qui est proposé, au bout du bout, elle peut décider de dire stop. La médecine maintient artificiellement en vie ; Vincent n'est plus maître de son temps ; le fait que la médecine se retire est une façon de lui rendre sa liberté. La nature reprend ses droits et Vincent part quand il doit partir. Ce n'est plus la médecine qui régit sa vie.

Les médecins me disent qu'ils poursuivent leur réflexion, que rien n'est décidé, qu'ils vont faire venir quelqu'un de l'extérieur du service pour explorer toutes les pistes, un professeur d'éthique de l'hôpital.

Début avril, les médecins ont arrêté leur décision. Ils vont engager un protocole de fin de vie, m'apprennent-ils. À partir du 10 avril, la nutrition sera interrompue. Que je sois d'accord ou pas, cela correspond aux volontés de Vincent.

Le 5 avril, madame Lambert est convoquée de son côté. Elle est reçue toute seule par l'équipe médicale. Nous devons nous rencontrer dans l'après-midi. Je pense que c'est une bonne chose, que l'on va pouvoir parler de Vincent toutes les deux, s'organiser pour être sereines autour de lui.

Viviane m'interpelle : « Est-ce que je peux te parler ? »

Nous nous rendons alors en salle des familles. Au ton qu'elle emploie, je sais que la discussion va être tendue. Elle tourne aux reproches. Tout y passe. Difficile de m'imposer. Et moi qui pensais que nous allions parler de Vincent…

J'ai l'impression que l'on m'assène une double peine, celle de devoir encaisser la nouvelle de l'arrêt du traitement de Vincent, d'accepter qu'il fasse un pas de plus vers la mort, et, de surcroît, celle de devoir supporter une telle hostilité.

Ils veulent que l'on reprenne le traitement

Vincent est presque nu sans les sondes et appareils servant à l'alimenter. La chambre me semble vide, si vide. Il dort. Il a l'air léger, libéré. Ses traits sont détendus, il est beau. Je retrouve un peu du Vincent d'avant, sans les sourires et sans la voix, mais il a le visage du jeune homme que j'ai rencontré.

Ce mercredi 10 avril, le protocole de fin de vie est enclenché. Je trouve Vincent très calme, apaisé. Je souhaite qu'il soit dans cette quiétude jusqu'à sa délivrance. Une semaine passe, puis deux. Je suis plus que jamais dédiée à l'accompagnement de Vincent. Je suis dans cette bulle d'accompagnement.

*

* *

Nous sommes le 25 avril. Personne dans la famille Lambert ne s'est manifesté. Je sais que les parents de Vincent ont pris rendez-vous avec le médecin. J'arrive en bas de l'hôpital avec ma fille, je croise une de mes belles-sœurs. Je sais qu'ils viennent de loin.

Dans la chambre, je me retrouve avec mon autre belle-sœur et mon beau-frère. Ils viennent d'apprendre pour le protocole de fin de vie, ils sont surpris, car ils ne savaient pas que cela avait commencé. Ils comprennent ce que cela signifie pour Vincent, que c'est pour son bien. Je leur répète que j'aime leur frère, sa sœur me dit : « On le sait. »

Plus tard, le chef de service m'attend.

« Monsieur et madame Lambert ont mandaté un huissier pour contraindre l'équipe médicale de reprendre le traitement. »

Je tombe des nues, je ne m'attendais pas à cela, la gifle est violente. Pourquoi les parents s'acharnent-ils ainsi ? Pourquoi ne veulent-ils pas laisser leur fils s'en aller en paix, sereinement ? Vincent a toujours été un écorché vif en quête de liberté. Une fois de plus, on lui vole son libre choix, son libre droit.

Je suis abasourdie.

Les médecins doivent voir les Lambert le lendemain matin.

Je retourne au chevet de Vincent. Cela fait déjà quinze jours qu'il n'est plus alimenté. J'ai vraiment l'impression qu'il est sur le chemin de la délivrance.

Madame Lambert me prend à part, là encore des reproches. La fratrie Lambert est là, ils sont réunis dans la salle des familles.

J'entends ses lamentations.

C'est si difficile pour moi de dire au revoir à Vincent, à mon grand amour, au père de ma fille, de tourner ainsi la page.

*

* *

« Il faudrait, Rachel, que l'on s'organise pour l'enterrement… Qu'as-tu prévu de faire ?

– Vincent et moi, nous avons toujours souhaité reposer en paix l'un à côté de l'autre. Comme je désire être enterrée près de mes grands-parents, dans le Nord-Est de la France, en Lorraine, il est naturel que Vincent y repose. Et puis, il reposerait là où nous nous sommes connus. Il disait que pour lui le plus important était d'être enterré avec moi. Et puisque j'avais choisi cet endroit, cela lui convenait.

– Tout cela est faux, Vincent n'a jamais voulu cela. Moi, je veux lui offrir une messe à la basilique Saint-Rémi à Reims. Ce serait le seul cadeau que je peux lui faire.

– Je comprends… »

Je dis oui sans dire oui, ou non sans dire non.

Les Lambert préviennent l'équipe médicale qu'ils doivent s'absenter, qu'ils vont revenir.

Quelques jours plus tard, ils remontent à Reims. J'apprends qu'ils veulent convaincre les médecins, le professeur d'éthique et le docteur Kariger, le chef de service à l'origine de la décision de l'arrêt des traitements, de changer d'avis. Je pensais qu'ils avaient compris qu'il fallait laisser partir Vincent, puisqu'ils avaient même parlé d'enterrement.

Entre-temps, plusieurs personnes sont venues me voir ou m'ont écrit pour me parler de Vincent et me jugent. J'ai du mal à tout gérer de front, mais je ne suis pas au bout de mes désagréables surprises.

Un peu plus tard, je reçois un coup de fil de la police. Le policier me dit qu'ils doivent m'auditionner dans le cadre d'une plainte. Une plainte pour quoi ? Contre qui ? Le choc est tel que je n'entends pas vraiment ce qu'il me raconte. Je suis convoquée au commissariat, la femme de mon père m'y accompagne.

L'officier de police judiciaire (OPJ) me parle de Vincent, il me demande si je suis au courant de l'arrêt des traitements. La scène est absurde, hallucinante. Moi, dans le bureau d'un flic, à parler de l'état médical de mon mari.

Je suis entendue dans le cadre d'une plainte des parents Lambert contre X pour tentative d'assassinat. L'OPJ m'avoue être un peu surpris, que ce n'est pas tous les jours qu'ils ont des plaintes de ce type. Je lui parle notamment de la lettre que j'ai reçue où l'on m'accuse d'être responsable du décès éventuel de mon mari. L'officier a alors cette incroyable phrase :

« Si un jour votre fille veut des explications, vous pouvez lui donner mon nom pour que je lui dise que vous n'êtes pas responsable du décès de son papa. »

Un médecin légiste doit venir examiner Vincent, je ne comprends pas bien pourquoi. Le 10 mai, encore sous le choc de la plainte pour tentative d'assassinat, j'apprends qu'une requête en référé-liberté a été faite au tribunal administratif de Châlons-en-Champagne contre la décision du docteur Eric Kariger, agent hospitalier du CHU de Reims, de provoquer délibérément la mort de Vincent Lambert en lui supprimant toute alimentation et hydratation. La décision doit être rendue le lendemain. Je suis évidemment surprise, mais je ne mesure pas le risque d'une telle requête, puisqu'elle est déposée au tribunal administratif. Je pense que ce sera sans conséquence. Je me suis préparée psychologiquement au départ de Vincent.

Le lendemain, tout s'écroule. Le médecin de service m'informe que l'hôpital est sommé de rétablir la nutrition artificielle. Je suis folle de rage face à tant d'absurdités. « Par ordonnance du 11 mai, le juge des référés a constaté l'atteinte grave et immédiate à la vie de Vincent Lambert et a ordonné la réalimentation immédiate de Vincent Lambert ainsi que tous les soins nécessités par son état. »

Comment peut-on considérer que l'on atteint à la vie de Vincent en souhaitant simplement et dignement abréger ses souffrances pour que cesse ce qui serait intolérable aux yeux de Vincent ? Comment peut-on oser lui infliger un tel acharnement ? Pour ses parents, le fait que Vincent soit encore en vie trente et un jours après l'arrêt du traitement serait la preuve d'une résistance extraordinaire, qui démontrerait non seulement une constitution particulièrement robuste, mais également une volonté de vivre. Ils avancent même que Vincent était informé des démarches entreprises pour le sauver. Et que c'est pour cela qu'il tient.

Les parents sont au chevet de Vincent avec leur avocat pour constater que l'alimentation a bel et bien été reprise.

Le cauchemar continue.

Les mages noirs en blouse blanche

Durant ces deux semaines, j'ai eu l'impression d'être assaillie de toutes parts. Un jour, j'étais dans le couloir de l'hôpital. Perdue dans mes pensées. J'aperçois une silhouette familière. Un visage que je connais. Je tombe nez à nez avec une amie de ma belle-mère. Une femme que je n'ai jamais revue depuis le mariage d'une des sœurs de Vincent. Je m'étonne de la voir ici, elle semble gênée.

« Vous êtes l'épouse de Vincent ? On vient de lui rendre visite, il n'a pas l'air d'aller très bien… »

Je lui demande si elle a vu Viviane Lambert. Elle me répond que non.

« Nous n'avons pas été présents toutes ces années, nous venons réparer cela… J'ai touché le visage de Vincent. »

Je n'en crois pas mes oreilles. Cette femme que je ne connais pas se permet de lui toucher le visage.

Le médecin passe et me demande si je connais cette dame qui a essayé de lui soutirer des renseignements médicaux sur Vincent. Elle a préféré être prudente et en dire le moins possible.

Quelques jours plus tard, alors que je rentrais chez moi, je découvre dans ma boîte aux lettres un courrier de cette femme. J'ouvre l'enveloppe, mais ne peux lire seule. J'appelle mon père pour lui en faire la lecture. J'ai la voix tremblante, du mal à prononcer les phrases de cette femme : dans ma bouche, ses mots sonnent comme des coups de poing.

« Oh, papa, tu te rends compte, c'est horrible, elle m'écrit que j'ai un pouvoir de vie et de mort sur Vincent. Qu'elle a prié à l'église et que, pendant sa prière, elle a entendu un petit garçon pleurer parce qu'il avait mal au ventre, un mal de ventre causé par la faim… Elle fait le rapprochement avec l'arrêt de la nutrition de Vincent. Elle écrit que si Vincent répugne à être touché, c'est parce qu'il comprend ce que je veux faire avec la complicité des médecins ! Elle m'accuse en quelque sorte de vouloir tuer Vincent. Papa, je n'en peux plus… Et comment a-t-elle eu mon adresse ?

– Rachel, cela n'a aucun sens, tu ne dois pas être atteinte par cette lettre, tu dois passer au-dessus de cela. Tu es bien plus forte que ces gens. »

Le soir même, je vais voir Vincent, sa sœur est là, je lui montre la lettre, elle est en colère et nous appelons l'un de ses frères. Je lis la lettre, en pleurs cette fois-ci. Elle comprend que ce sont des membres de la Fraternité Saint-Pie-X, proche de ses parents, qui s'en mêlent. Ma belle-sœur, qui connaît l'auteur de cette lettre, lui téléphone et lui demande vertement de nous laisser tranquilles.

Avec l'arrêt des traitements, les catholiques traditionnalistes sont montés au créneau. Les médias se sont faits l'écho des prises de position des parents de Vincent. Pierre Lambert est un ancien médecin gynécologue, opposant dans les années 1970 à la loi Veil sur l'interruption volontaire de grossesse, et Viviane est proche de la Fraternité Saint-Pie-X, mouvement catholique traditionnaliste non reconnu par le Vatican.

La veille de la décision de justice, j'avais reçu un mail d'un prêtre d'un monastère où nous avions été rendre visite à l'un des frères de Vincent lorsque j'étais enceinte. Je ne l'ai vu qu'une seule fois. Ces intrusions sont très agressives. Je me sens harcelée. Sur un ton qui se veut bienveillant, ce prêtre me prie de ne pas me laisser manipuler par « les mages noires en blouse blanche ». Il se dit de mon côté, lui aussi joue sur ma culpabilité, appuie sur le fait que « j'ai un pouvoir de vie et de mort » sur mon mari.

Une fois encore, un inconnu me juge, me tient pour responsable de l'état de Vincent. Je suffoque à la lecture de ce courriel. Chaque mot me pèse, chaque phrase m'accable un peu plus.

Il prédit que ma fille sera traumatisée à vie, bien plus que si elle voit son père malade. Je manque de tomber à la renverse lorsqu'il fait référence à la petite. Cet homme se permet de parler d'elle, de juger ce qui est bon ou pas pour elle. Je me sens atteinte dans mon intimité, dans la chair de ma chair.

Pour lui, je suis une double victime. Celle à qui un accident de la route a enlevé prématurément son mari et la victime de « mensonges et manipulations par lesquels, pour leurs inavouables intérêts économiques, ces mauvais mages m'ont éloignée de sa famille pour pouvoir me faire croire que ce serait indolore de l'éliminer par le choix libre de la dénutrition ».

Après m'avoir accusée de vouloir la mort de mon mari, il essaie de me faire basculer du bon côté selon lui… Je peine à finir la lecture de ce mail. Je suis à bout de force. Il termine en écrivant qu'il sera toujours là pour moi, parce que, à la différence des médecins et des psys, les prêtres savent ce que vaut le mot « pardon ». Mais qui lui a donné mon mail ?

Le ciel était avec moi

L'oiseau est crayonné, une longue tête violette, et une queue bleutée. Une femme tient le cadre qui renferme le dessin. Cette femme est la belle-sœur de Vincent, elle est penchée sur son lit. Elle lui tend le tableau représentant l'oiseau. Elle cherche à établir une forme de communication avec mon mari. Cela ressemble à une mise en scène. La photographie est parue dans le journal *L'Union* quelques jours après la reprise du traitement, elle circule encore et toujours sur Internet.

J'ai peur pour ma fille. À la sortie de l'école, nous passons souvent chez le marchand de journaux, je me dis qu'elle aurait pu tomber sur cette photo de son père. Dans les médias, sa grand-mère martèle sa version des faits, pour dénoncer la mise à mort de son fils. Les frères et sœurs de Vincent commencent à s'exprimer. François, son neveu, proche de Vincent, prend position dans la presse. Ils ne comprennent pas non plus l'acharnement des parents Lambert à vouloir coûte que coûte maintenir leur fils en vie.

Le week-end de la reprise du traitement, le 12 mai 2013, j'entends l'interview de Jérôme Triomphe, l'avocat des parents Lambert, sur Radio Courtoisie. Il raconte sa venue dans la chambre de Vincent après avoir obtenu la réalimentation : « Il a reconnu ses parents, on a le sentiment qu'il nous a reconnus. » Il s'emporte en exposant ce qu'il a ressenti pendant l'audience : « J'étais habité, je ne pense pas avoir plaidé seul, le ciel était avec moi ! »

Sonnée, K-O. Tout ce déballage sur la place publique me laisse à terre. Le monde s'écroule autour de moi. Je suis moralement attaquée, et mon corps en prend un coup. En dehors de l'accident de Vincent, je n'ai jamais été soumise à pareille épreuve.

J'ai vraiment l'impression que l'on m'a cassé la gueule. J'ai dérouillé physiquement comme jamais, jusqu'à penser que j'allais en crever d'avoir mal comme cela. Je n'ai pas d'autres mots pour parler de ce par quoi je suis traversée. Je ne sais plus où j'en suis. Je navigue entre le néant de Vincent, la croisade de ses parents et la joie de vivre de ma fille…

*

* *

Même si Viviane s'en défend catégoriquement, son combat mené avec une sœur et un demi-frère de Vincent pour sauver son fils de « la mort », d'« un assassinat », selon son avocat, semble prendre une tournure religieuse. C'est sur des sites radicaux comme Riposte catholique, Salon beige ou encore sur le blog pro-life de Jeanne Smits, qui fut un temps collaboratrice de *Présent*, que sont publiées les premières informations concernant Vincent. C'est avec effarement que je découvre sur le site de Jeanne Smits un article qui m'interpelle.

On y apprend que Vincent Lambert, âgé de trente-sept ans, est tiré d'affaire. Je suis sous le choc. Preuve en est, on y raconte qu'il a souri et a présenté un visage apaisé à ses parents venus le visiter dans sa chambre. Mais le site va plus loin : Vincent est non seulement « sauvé, mais il commence à reprendre des forces ! ». On précise que les choses ont évolué la veille, alors que l'hydratation et la nutrition de Vincent ont repris depuis quelques jours. L'auteur raconte que ce sont les parents Lambert qui, présents, ont reconnu ce signe, mais le sourire a d'abord été adressé à l'une des aides-soignantes.

Je n'arrive pas à décoller mes yeux de l'écran, je continue de lire avec difficulté les commentaires sur le sourire « en coin, joli et complice » de Vincent qui l'embellit.

Je regarde les photographies que j'ai de lui, juste à côté de moi.

Je m'arme de courage pour finir l'article. Le protocole de fin de vie y est qualifié de privation volontaire de nourriture et d'hydratation, l'équipe médicale mise « entre guillemets ». L'auteur du texte imagine quelle a pu être la joie des aides-soignantes devant une telle scène, dont la description détaillée ne m'est pas épargnée.

« "Vous avez vu ? Quand je passe la main dans les cheveux de Vincent, il sourit", dit une des aides-soignantes.

« Et de joindre le geste à la parole :

« “M. Lambert ? Vous me reconnaissez ? Je suis revenue. Souriez-moi : je vais vous passer la main dans les cheveux.”

« Et Vincent de sourire. Elle le lui dit deux fois encore : “Souriez !” Et il l’a fait. Les parents, bouleversés de bonheur, ont vu qu’il ne s’agissait pas d’un rictus. Mais d’une réponse. »

Comment cette femme peut-elle ainsi s’approprier Vincent sans le connaître, évoquer la réaction d’une aide-soignante ? J’enrage.

Sur d’autres publications, on parle de Vincent, mais en l’appelant Hervé, en référence à Hervé Pierra. Ce garçon décédé en 2008, à vingt-huit ans, après huit ans de coma végétatif et au bout de six jours crépusculaires d’un protocole de fin de vie.

C’était l’une des premières fois que la loi Leonetti instituant un droit au « laisser-mourir » était appliquée.

Ma dernière preuve d'amour

« Comment voyez-vous la suite ?

– J'aimerais que Vincent soit entendu et respecté dans ce qu'il était avant. Je continue de penser que cette décision d'arrêt du traitement est la bonne. Six de ces huit frères et sœurs partagent cette position. Et à ceux qui voudraient croire ou qui insinueraient, comme je l'ai lu, que j'ai intérêt à ce que mon mari parte, je voudrais dire que, malgré son handicap, il est toujours resté mon mari, et que la douleur de le perdre sera toujours aussi grande. Je ne le laisse pas partir pour moi, je le laisse partir pour lui. Laisser partir Vincent est ma dernière preuve d'amour. »

Le 30 mai 2013, j'achète le journal *Le Monde*, et je relis mon interview donnée un peu plus tôt, et publiée la veille. Je donne enfin ma version des faits, je rétablis la vérité. Ce n'est plus possible de laisser les autres, ceux qui n'étaient pas là auprès de Vincent toutes ces années, s'emparer de notre histoire.

Lorsque les journalistes du *Monde* m'ont sollicitée, j'ai accepté, mais pas à n'importe quelles conditions. Nous nous sommes mis d'accord sur les modalités de l'entretien : relecture de mes propos avant parution et pas de photos, juste celle de mes mains, avec mon alliance.

Puis je donne une interview à France Bleu après avoir rencontré la journaliste. Je ne suis pas à l'aise avec l'exercice. Je passe tout de même à la télévision sur France 3 Champagne-Lorraine, cadrée sur le bas du corps ; le sujet est également diffusé sur la chaîne nationale, sans que l'on m'ait pour autant prévenue préalablement. François Lambert et certains des frères et sœurs de Vincent interviennent aussi dans les médias pour sensibiliser l'opinion.

J'ai désormais deux avocats, nous réfléchissons à comment l'on peut faire casser la décision du tribunal administratif. Même si je ne fais pas partie de cette première procédure, je dois entrer dans le jeu judiciaire. Il s'agit de mon mari, il s'agit de notre histoire.

François Lambert, le neveu de Vincent, ses frères et sœurs font des attestations pour expliquer l'enfance de Vincent, ses relations conflictuelles avec ses parents. Ils expliquent qu'il n'aurait jamais voulu que ceux-ci régissent sa vie. Les avocats déposent une requête en juillet.

Le tribunal doit normalement répondre dans les quarante-huit heures afin de fixer une audience. Mais la justice décide qu'il n'y aura pas d'audience. Au nom de quoi ? Je me le demande… La justice est souveraine, un point c'est tout.

Entre-temps, les Lambert ont mandaté des médecins pour se rendre au chevet de Vincent afin de pouvoir constituer une demande de tutelle.

Les démarches sont enclenchées sans que j'en sois directement informée.

Je vis un cauchemar. Que va-t-il rester de notre mariage ? J'ai l'impression de ne plus avoir de statut. Quelle est ma place ? S'ils obtiennent la tutelle, on m'aura arraché le peu qui nous reste de notre relation à Vincent et moi, et une part de mon identité. Comme si on m'imposait un divorce à mon insu.

Je n'en peux plus, je suis épuisée. Je fais le point sur la tournure que prennent les événements. Des inconnus connaissent mon adresse, je ne me sens pas en sécurité, j'ai peur pour notre fille, je me demande jusqu'où tout ça peut aller, et puis il y a cette pression médiatique que j'ai du mal à gérer. Cette histoire prend des proportions délirantes et m'achève après de douloureuses années d'accompagnement de Vincent.

TROISIÈME PARTIE

L'affaire Vincent Lambert

Un combat sans fin

Quelque temps après la décision du tribunal du 11 mai 2013, je suis avec mon père en bas de l'hôpital de Reims. Je n'ai pas envie d'être dans ce couloir. Et je suis attendue dans le bureau du docteur Kariger pour une réunion avec les parents de Vincent. J'ai une boule au ventre. Je redoute les attaques. Je n'ai pas eu la force de venir toute seule, les frères et les sœurs de Vincent m'ont prévenue que leurs parents avaient une idée derrière la tête.

J'arrive au rendez-vous, le couple est déjà dans le bureau du docteur. Nous restons à l'extérieur, les Lambert refusent la présence de mon père.

Je réalise que le but de cette réunion n'était absolument pas d'avoir une discussion constructive – preuve en est cette réaction démesurée par rapport à la présence de mon père. Cela tourne court.

Le docteur Kariger reçoit les parents Lambert en premier ; ils veulent que Vincent soit transféré. Cette éventualité m'inquiète : Vincent est habitué aux voix de l'équipe, il est ici en terrain familier et rassurant. Il risque d'être désorienté. Et puis, sur le plan médical, il n'y a aucune raison objective de lui faire subir un tel bouleversement. Il a toujours été bien soigné, autant par les médecins que par l'équipe paramédicale.

Il n'est pas question pour l'hôpital d'abandonner Vincent.

*

* *

Mon père estime qu'il est temps pour moi de continuer à mener le combat, mais d'une autre manière. Il me propose de venir m'installer chez lui avec ma fille, pour nous protéger, reprendre des forces avant d'entrer dans l'arène médiatique et judiciaire. Ce choix, je ne le fais pas de gaieté de cœur, mais il s'impose à moi. Je suis obligée d'en arriver là.

Je me lance dans la bataille juridique, même si pour cela je dois m'éloigner géographiquement de Vincent.

C'est un acte d'amour !

L'été passe, les médecins décident d'entamer à nouveau une réflexion autour de Vincent. Ils décident de refaire une réunion collégiale et d'intégrer cette fois-ci tous les membres de la famille dans la réflexion.

Nous évaluons qui peut participer à cette phase de réflexion. Les parents, les frères et sœurs, mais il y a un débat sur le fait d'associer François Lambert, le neveu de Vincent. Avec les frères et sœurs favorables à l'arrêt du traitement, nous estimons que Vincent partage plus de choses avec lui qu'avec certains membres de la fratrie, dont quelques-uns peuvent s'opposer à l'arrêt des traitements.

Je suis à la machine à café avec mon père. J'ai le trac, car dans cinq minutes va débuter le premier conseil de famille.

Nous sommes le 27 septembre, en fin de journée. Une nouvelle longue ligne droite m'attend : je sais que ce combat va durer des semaines, des mois peut-être.

À la bataille de la vie au chevet de Vincent s'ajoute celle qui m'oppose aux parents Lambert.

Je vois la mère de Vincent qui s'approche, passe derrière nous, elle ne nous salue pas. Je vais me retrouver pendant deux heures dans la même pièce que ses parents, j'ai peur de la violence de la réunion. Je ne suis pas sûre de pouvoir la supporter.

Je vais rendre visite à Vincent pour me donner des forces. Puis je gagne la salle de réunion, ils sont tous là, j'ai l'impression d'entrer dans un tribunal.

*

* *

« Bonjour Rachel. »

Je ne réponds pas au salut des parents de Vincent et de son demi-frère, qui se tiennent bien droits. Je ne le fais pas contre eux mais pour moi. Depuis des mois maintenant, ils essaient de m'annihiler et je devrais faire semblant ? C'est hors de question.

Le docteur Kariger ouvre la réunion.

« Je souhaite que les échanges puissent se faire dans un climat apaisé, particulièrement nécessaire dans la situation difficile que chacun vit actuellement. »

Le tour de table débute. Chacun confirme sa position, qui n'a pas évolué depuis ces quatre derniers mois. Viviane et Pierre Lambert, Anne, la sœur de Vincent, et son demi-frère David, d'un côté, confirment leur incompréhension devant la première décision d'arrêt de l'alimentation. De l'autre, Marie, la sœur de Vincent, Joseph, son frère, Marie-Geneviève, sa demi-sœur, Guy-Noël, Dominique, Frédéric, ses demi-frères, et moi, souhaitons que Vincent puisse partir en paix.

« Vincent n'est pas en fin de vie, il n'est pas malade, il peut encore récupérer à la condition qu'on lui donne les soins qu'il n'a pas : il n'a pas eu d'IRM depuis février 2012. Il faut qu'il reprenne la rééducation. »

Viviane Lambert veut encore y croire. Elle ne comprend pas que tout a été fait sur le plan médical pour Vincent. Je ronge mon frein et j'écoute.

« Vincent n'est pas dans le bon service, il serait mieux dans le service de neurologie de Nancy. Nous ne faisons plus confiance à l'équipe médicale. Il est intolérable de laisser Vincent mourir de faim. »

Pourquoi veut-elle à tout prix que son fils change d'hôpital ?

« Et puis les comportements de Vincent sont si difficiles à interpréter... Nous pensons qu'il aurait pu changer d'avis par rapport à ce qu'il exprimait quand il était bien portant concernant la fin de vie. »

Une façon de mettre une nouvelle fois ma parole en doute ou d'occulter la force des positions de Vincent. Je sais bien quelle est la position de mon mari, elle n'a pas pu évoluer depuis l'accident, depuis que son état s'est détérioré. S'il voulait me faire promettre de le laisser partir lorsqu'il était valide, ce n'est sûrement pas pour que je le trahisse aujourd'hui.

Ils citent les arguments du professeur Sicard, président du Comité consultatif national d'éthique jusqu'en 2008 : « Quand plusieurs personnes de la famille ont un avis différent et que la personne n'a pas exprimé une directive anticipée, le droit a tendance à protéger plutôt la personne qui demande le maintien en vie, même si c'est déraisonnable. »

Encore une fois, ils nient le fait que Vincent ait pu me confier ses volontés.

Vient mon tour et celui des autres membres de la famille qui partagent le même point de vue que moi et expriment le fait que je dois rester la personne référente naturelle. En substance, nous disons que Vincent avait exprimé le non-sens d'une vie en état de grande dépendance ; qu'il nous semble que c'est aussi fort que des directives anticipées écrites. Vincent était très entier, il vivait à fond, il ne voulait pas d'une petite vie. Nous réaffirmons que ses volontés doivent être respectées.

C'est douloureux de décrire une fois encore le rapport qu'entretenait Vincent avec la fin de la vie. À chaque fois, je revis cette scène où il me fait promettre de ne pas le laisser comme un légume. Je reprends mon souffle, je puise en moi la force nécessaire pour que Vincent soit entendu.

« Laisser partir Vincent dans la sérénité n'est pas un acte d'euthanasie, mais un acte d'amour. Et c'est une façon de respecter sa vie. »

La parole est au docteur Kariger.

« Depuis le 11 mai, et la reprise du traitement, la situation clinique de Vincent n'a pas évolué de manière significative. Il alterne des phases de veille et de sommeil. Tous les moyens qui devaient être mobilisés ont été mis en œuvre : l'expertise au Centre d'étude du coma et des troubles de la conscience de Liège, les quatre-vingt-sept séances d'orthophonie. Malgré cela, aucun progrès n'a été observé et aucun code de communication fiable n'a pu être mis en place. C'est pourquoi les séances ont été interrompues. »

Je trouve cela étrange, même gênant, qu'un médecin doive se défendre ainsi. C'est comme s'il était en faute, alors que tout a été tenté.

Le docteur se prononce sur la volonté des parents Lambert de transférer Vincent dans un autre établissement hospitalier.

« Je ne suis pas propriétaire du malade, mais reste le garant médical de l'intérêt de Vincent. Un transfert pourrait constituer un traumatisme pour lui. »

Eric Kariger propose d'élargir la réflexion collégiale à trois nouveaux médecins : l'un de mon choix, un autre choisi par les parents de Vincent, un dernier par l'équipe médicale. Il confirme que la réflexion collégiale permettra d'aboutir à une proposition qui sera présentée et expliquée aux membres du conseil de famille. Il insiste sur le fait que les avis de chaque membre du conseil de famille seront recueillis.

Durant ces deux heures, je ne me suis pas sentie à ma place, la réunion a beau avoir le titre de conseil de famille, j'ai l'impression de ne pas en faire partie. Même si la plupart des Lambert partagent le même point de vue que moi.

*

* *

Les médias sont au courant que la procédure collégiale est mise en place. Avant la réunion, j'avais reçu un coup de fil d'un journaliste me demandant l'heure de la première réunion. J'avais donc appelé l'hôpital et la famille pour mettre en place un plan, histoire de ne pas être repérés devant l'hôpital. Eric Kariger a organisé un point presse à l'issue de la réunion.

Des choses très difficiles ont été prononcées durant ce conseil, j'ai une fois de plus l'impression d'avoir été pointée du doigt. Je me sens insultée, moi, mais surtout la volonté farouche de Vincent.

Ce n'est pas un malade ordinaire

Je sors de la chambre de Vincent. Toujours aucune amélioration. J'ai étouffé en moi toute forme d'espoir. J'espère simplement qu'il ne souffre pas trop, que le traitement ne le malmène pas trop, que c'est encore tolérable pour son corps et son âme.

J'apprends que le docteur Kariger est soucieux. Il a reçu un courrier des parents Lambert, qui l'accusent de « tentative consommée d'assassinat sur personne vulnérable », de « mise à mort », de vouloir engager « une procédure pour le faire mourir », le menacent et remettent en cause son professionnalisme.

Le père de Vincent utilise un passage du serment d'Hippocrate pour asseoir sa position : « Je ferai tout pour soulager les souffrances. Je ne prolongerai pas abusivement les agonies. Je ne provoquerai jamais la mort délibérément. »

Le prochain conseil de famille se tient dans quelques jours. Il risque d'être houleux.

*

* *

Le 16 novembre 2013 en fin de matinée, nous sommes tous dans la salle de réunion. Le silence est pesant en ce début de séance. Personne ne se regarde vraiment. Certains frères de Vincent et l'une de ses sœurs ont en tête le courrier de leurs parents adressé au docteur Kariger. Comme moi, ils sont scandalisés.

C'est pourquoi ils tiennent tout d'abord à renouveler leur confiance à l'égard de l'équipe du docteur Kariger.

« Il s'agit de l'équipe médicale et soignante qui est le plus proche de Vincent depuis cinq ans, qui est la mieux placée pour approcher ce que veut Vincent », affirme Joseph, l'un de ses frères.

« La théorie du complot à l'encontre des médecins est irrespectueuse ! s'emporte

Marie, la sœur de Vincent. Je proteste contre l'outrance et la violence des propos tenus dans ce courrier », poursuit-elle

Puis nous revenons une fois de plus sur les souhaits de Vincent. Certains pensent, comme moi, que le fait d'interdire de le laisser partir, c'est le faire taire, c'est remettre en cause sa liberté. Que Vincent existe sans pouvoir vivre, et qu'il est impératif de respecter ses volontés. « Considérer que sa vie est souhaitable, c'est un choix, mais pas le sien, affirme Marie. L'acharnement est une forme de maltraitance », conclut-elle.

C'est à mon tour de parler. J'ai la voix nouée, si fine soudain.

« Je maintiens que les propos de Vincent vis-à-vis du refus d'une fin de vie en état de grande dépendance ou de grand handicap ont été tenus explicitement. »

Ce que j'ai à dire est pénible à formuler, pénible à entendre aussi. Alors, comme chaque fois que j'ai quelque chose de fort à clamer, je m'aide d'un texte que j'ai écrit.

Je lis une lettre douloureuse ; je rappelle un élément de l'histoire de Vincent qui peut expliciter certaines choses aujourd'hui. Le corps a sa mémoire.

Je sais bien que je vais déclencher le mécontentement. Qu'importe, seul Vincent compte. La réalité est dure, les responsabilités sont là. Mais tant pis si cela choque. Pour moi, c'est moins choquant que de voir son cas récupéré par un milieu dont Vincent a souffert.

Sa sœur Marie tient à mettre en avant l'histoire familiale et le contexte religieux dans lequel il a grandi. Elle raconte que son frère a passé toute son enfance en pension, qu'il ne se retrouvait pas dans l'idéologie religieuse traditionaliste. Vincent a toujours été quelqu'un de spirituel, mais il rejetait ce milieu intégriste, fuyait son carcan étouffant. Cela ne l'empêchait pas de faire la distinction entre le côté sectaire de la religion et le côté spirituel. Il était bien plus intelligent que cela. Il pensait forcément qu'il y avait une autre dimension. Il ne supportait pas les interdits religieux.

Silence. L'atmosphère s'est encore un peu plus tendue. (On taxera par la suite mon intervention d'indigne.)

Puis Viviane Lambert enchaîne. Elle réitère les « fautes » passées de l'équipe médicale, confirme la perte totale de confiance, justifiant ainsi la demande de « dépaysement » de Vincent à Nancy pour « partir sur de nouvelles bases ». Elle affirme agir en fonction de son cœur. Elle considère la décision d'arrêt de l'alimentation prise en avril 2013 illégale, répète que Vincent n'est pas en fin de vie, qu'il a droit à des soins de confort – comme de la kinésithérapie.

Le docteur Kariger rappelle que tout a été tenté médicalement pour Vincent. Sur le plan fonctionnel, plus on s'éloigne de la date du traumatisme, moins il y a de chances de rétablissement. À l'heure actuelle, il n'y a plus d'espoir médical de récupération. Il explique que ce questionnement autour de la pertinence des traitements d'hydratation et d'alimentation artificielles est le premier que connaît son unité, que la praticienne qui suit Vincent depuis le début n'a aucun intérêt à vouloir le laisser partir.

« La simplicité, la lâcheté serait de laisser la situation en l'état. Mais Vincent n'est pas un malade ordinaire ; c'est Vincent avec sa singularité, son histoire. »

Le docteur explique ce que la procédure collégiale doit prendre en compte : la volonté passée de la personne si elle s'est exprimée, son état actuel, la douleur qu'elle pourrait ressentir, l'évolution de son état et la prise en compte de son intérêt au regard de cet avenir, la douleur aussi de sa famille et son devenir, les obligations déontologiques du médecin et les contraintes légales. La décision éventuelle d'arrêt ou de limitation des traitements est une décision médicale qui intègre, notamment, l'avis de la famille. Il est indispensable qu'aucun des membres de la famille ne porte la responsabilité de la décision.

Il rappelle que la démarche des professionnels s'inscrit dans un cadre déontologique et juridique qui doit être strictement respecté. Ils ont vocation à défendre le malade et pas des convictions personnelles. D'ailleurs, catholique pratiquant, Eric Kariger n'est pas un farouche partisan de l'euthanasie…

Conformément à son engagement, Eric Kariger confirme que chacun a pu choisir un expert. Trois nouveaux confrères vont avec François Blanchard, membre fondateur du Comité d'éthique du CHU de Reims, apporter leur expertise. Le docteur Véronique Fournier, responsable du Centre d'éthique à l'hôpital Cochin à Paris, le docteur Bernard Devalois, chef du service de médecine palliative à l'hôpital de Pontoise, et Xavier Ducrocq, neurologue et président du Comité d'éthique au CHU de Nancy – ce professeur avait déjà écrit au docteur Kariger au printemps 2013 pour manifester ses réserves sur l'arrêt du traitement, alors qu'il n'avait jamais vu Vincent. La démarche s'inscrit pourtant dans un souci de pouvoir s'enrichir d'expériences diverses afin d'« apporter de la nuance » à une situation complexe où une vision manichéenne serait forcément réductrice.

« Une décision raisonnable se dégage plus probablement d'une discussion que d'un monologue médical lorsque ses motivations débordent le seul champ du savoir technique. Le seul objectif est de tenter d'approcher les volontés et les intérêts de Vincent dans le respect de nos valeurs professionnelles et de la loi », affirme Eric Kariger.

La réunion collégiale est prévue le 9 décembre 2013. Deux jours avant, le professeur Ducrocq, l'expert mandaté par les parents de Vincent, envoie un courrier à Kariger afin qu'il soit récusé : il dit que les bases de cette histoire sont viciées, qu'il est impératif de changer d'hôpital. Le même jour, le professeur demande à me rencontrer. Je lui réponds que je souhaite que les médecins puissent travailler en toute indépendance, je ne veux pas interférer dans les décisions médicales, je ne préfère pas le voir pour le moment afin de lui laisser sa liberté.

Je suis madame Lambert

« Faites ce que vous avez à faire, nous aussi on le fera ! »

La porte claque. La mère de Vincent quitte la salle. Ce 11 janvier 2014, le docteur Kariger vient d'annoncer à tous les membres du conseil de famille sa décision au bout de ce nouveau processus de réflexion, et ce au regard de tous les nouveaux éclairages. Il faut interrompre le traitement à nouveau. Il nous explique son cheminement, le processus médical, les discussions entre experts. Agacée, regardant sa montre, madame Lambert n'a pas pris le temps d'écouter l'argumentation.

« Mais, madame Lambert, restez, c'est important pour Vincent… »

Elle n'entend pas la fin de la phrase, elle a déjà quitté la salle.

Silence dans la pièce. Je repense à ces derniers mois et à mes rapports avec elle.

J'ai l'impression que l'histoire prend la tournure d'un combat entre deux femmes, l'épouse contre la mère, la mère contre l'épouse. Si les rôles avaient été inversés, si moi j'avais eu un accident, si j'avais été à la place de Vincent dans ce lit d'hôpital, mes parents n'auraient pas eu à décider pour moi, c'est mon mari qui aurait été le rapporteur de mes volontés, ma famille de cœur, avant ma famille de sang.

Le conflit entre elle et moi n'a fait qu'empirer de semaine en semaine. Dans le courrier adressé au docteur Kariger, elle sous-entendait avec d'autres que je souhaitais voir partir Vincent pour pouvoir reconstruire ma vie...

Moi, je suis entrée dans la vie de Vincent au moment où son caractère était déjà forgé. Quand il a eu son accident, il était marié et père. Il n'a pas eu son accident à dix-huit ans, mais à trente-deux ans.

À part Viviane, tout le monde est encore là. Même David, le demi-frère de Vincent, et Anne, sa sœur, toujours opposés à l'arrêt du traitement. Le médecin insiste sur le fait que, la première fois, ce fut un vrai traumatisme pour Vincent d'avoir été débranché puis rebranché. Vincent ne peut pas subir une deuxième fois un tel choc. Le docteur leur laisse néanmoins quarante-huit heures de réflexion.

Pendant ces deux jours, je suis tendue, sur le qui-vive. J'ai cependant peu d'espoir, je sais bien qu'il y a un recours en justice possible, je n'ai aucun doute sur le fait que les Lambert vont s'en saisir.

Le 13 janvier 2014, la requête auprès du tribunal administratif de Châlons est déposée : cinquante-trois pages de dossier. Je fais défiler les pages de l'épais mémoire, je connais par cœur les arguments des parents Lambert. J'ai la nausée. Une phrase de l'argumentaire me met hors de moi : il est stipulé que je n'ai qu'à divorcer. Comment osent-ils ? Il s'agit d'une requête contre « la décision notifiée d'Eric Kariger de provoquer délibérément la mort de Vincent Lambert en lui supprimant toute alimentation et hydratation ». Je ne vois pas le rapport avec ma vie privée.

Ce matin du mercredi 15 janvier 2014, tout va de travers. Je me suis levée tôt, pourtant je risque d'arriver en retard à l'audience. Je suis tellement préoccupée au volant de ma voiture que je loupe la sortie d'autoroute. Je dois faire des détours, je suis nerveuse. Je me gare en catastrophe, entre au tribunal. Je cours dans les couloirs, j'arrive pile à l'heure, mais à bout de souffle. Il y a des journalistes partout, on essaie de me filmer, de me prendre en photo. J'ai la tête qui tourne. Il faut que je garde mon sang-froid.

« Vincent Lambert est dans un état irréversible, mais sa conscience existe, il est impossible de juger du sens de sa vie. » Le ton est donné et n'augure rien de positif pour nous, pour Vincent.

Dès le début du procès et le long propos du rapporteur public, je pleure, je ne peux plus me contenir. Je sens déjà que Vincent ne sera pas entendu.

« Je préconise le maintien de l'alimentation et de l'hydratation artificielles », déclare le rapporteur public.

Je suis effondrée, presque prostrée auprès de mes avocats. Ma peine est immense, j'ai admis que mon mari devait partir et on m'inflige encore tant de souffrance. Le rapporteur public se permet de donner un avis, alors que cette femme n'a jamais vu Vincent, elle ne le connaît pas, c'est absurde.

« C'est la première fois depuis 1981 qu'un avocat doit plaider pour un condamné à mort. »

Maître Triomphe, le premier avocat des époux Lambert, est à la barre. Il est grandiloquent et clame son émotion d'être aujourd'hui devant ce tribunal. Il ne mâche pas ses mots. Il n'hésite pas à se comparer à Robert Badinter.

« Kariger se comporte comme le propriétaire de Vincent Lambert, qui est en réalité pris en otage par ce médecin qui refuse d'en lâcher la charge. La loi Leonetti ne s'applique pas au cas de Vincent Lambert. »

Maître Jean Paillot, le second avocat de Pierre et Viviane Lambert, se lève.

« Je me bats pour un handicapé, un patient autonome et non un malade. »

Il est moins agressif, moins dans l'attaque personnelle.

« J'insiste sur l'obstination déraisonnable que représente la continuation des soins, vu l'état de Vincent qui n'a pas de conscience au sens de la médecine », affirme Me Catherine Weber-Seban, avocate du CHU de Reims.

« Une partie de la famille, dont sa femme, a signifié que Vincent Lambert avait témoigné de sa volonté de refuser l'acharnement, mais c'est au médecin seul que revient la décision », poursuit-elle.

« Tout d'abord, j'aimerais que, lorsque l'on parle de ma cliente, on l'appelle Rachel Lambert ou madame Lambert. »

L'intervention de Me Fossier, l'un de mes deux avocats, me fait chaud au cœur, me rend un peu de dignité. Lorsque l'on s'adresse à Viviane et Pierre, on donne du « monsieur ou madame Lambert ». Alors que moi je ne suis que « Rachel ». Il affirme que je suis « madame Lambert » au même titre que la mère de Vincent.

Si ça me réchauffe le cœur, c'est parce que cette formule rappelle que Vincent et moi sommes une famille, qu'il m'a choisie, qu'il m'aimait, qu'il a été un homme et qu'il a fait des choix.

Puis l'avocat ose lever légèrement le voile sur les secrets de Vincent. Dans la salle, les partisans de la partie adverse poussent des cris et applaudissent avec ironie.

Mon autre avocat prend elle aussi la parole et, à son tour, essaie de remettre Vincent au cœur du débat.

Le tribunal décide finalement de se prononcer le lendemain. « Le tribunal veut prendre le temps de la réflexion dans ce dossier complexe », estime à l'issue de la séance Jean-Jacques Louis, son président.

Je ne tiens plus debout, il faut que je quitte la salle.

L'audience a été un calvaire pour moi. Je suis éreintée, j'ai l'impression de n'avoir plus de place auprès de personne. Mes avocats demandent à ce que je puisse sortir par une porte dérobée pour échapper aux journalistes et aux soutiens des parents de Vincent.

Nous sommes déboutés

« Le tribunal administratif de Châlons-en-Champagne s'est prononcé aujourd'hui contre la décision prise par les médecins de Vincent Lambert. Il a enjoint aux médecins de maintenir l'alimentation et l'hydratation de leur patient. »

J'ai failli lâcher le volant en entendant la nouvelle. Nous sommes déboutés. Je continue de rouler dans Reims, je me rends au cabinet d'avocats, j'ai gardé la radio allumée.

Je suis sonnée. Vincent est bâillonné, ligoté dans sa souffrance. J'enrage contre le système judiciaire. J'essaie d'être vigilante sur la route, mais le téléphone n'arrête pas de sonner, les journalistes veulent recueillir mes réactions.

Mes avocats me reçoivent, ils me lisent l'ordonnance du tribunal. Nous sommes déboutés sur presque tous les points. Sauf sur le transfert d'hôpital.

« Les volontés de Vincent n'ont pas été respectées. Je pense beaucoup à la femme de Vincent et à l'ensemble de la famille. Le tribunal suspend la décision médicale, mais le conflit familial va lui aussi rester suspendu. C'est à la déontologie et à la profession médicales de définir la notion d'obstination déraisonnable. Aujourd'hui, j'ai le sentiment que certains ont pris notre place. Je ne suis pas seul à décider. À titre personnel, j'ai l'intime conviction qu'il faut consulter le Conseil d'État. »

La réaction, digne, du docteur Kariger ne se fait pas attendre. Celle de Viviane Lambert non plus.

« Désormais la famille doit se ressouder, y compris avec Rachel… »

Tout cela me semble si hypocrite.

C'est à mon tour de réagir. C'est difficile, mais il faut que je prenne la parole.

Ce soir, je vais près de Vincent, contre lui. Je suis vidée par cette journée. Je n'ose lui raconter ce qui s'est passé aujourd'hui. Je me sens mal. La situation est très pénible. Je suis triste et désemparée. Que puis-je lui dire ? Que tout le monde nie ce qu'il a été avant, qu'ils remettent en doute sa parole, ses volontés, son identité. Je sais que ses parents sont passés le voir avant, c'est difficile pour moi d'y penser. Je ne sais pas ce qu'ils lui racontent.

J'ai l'impression qu'il est otage d'un mouvement pour la vie coûte que coûte dans le cadre de futures discussions politiques. La mécanique est en effet enclenchée : alors que François Hollande a promis une nouvelle loi sur la fin de vie, ceux qui estiment que celle déjà en vigueur va trop loin sont entrés dans le débat. Lors de sa conférence de presse, le président de la République a réaffirmé son souhait d'un texte de loi qui permette dans un cadre « strict » à un adulte qui souffre d'une maladie incurable de demander une « assistance médicalisée pour terminer sa vie en dignité ».

Vincent est devenu un cas, il est instrumentalisé, à son corps défendant. Pour moi, la loi Leonetti est suffisamment claire. Et elle devrait permettre de libérer mon mari.

Quoi que l'on pense de cette loi, elle est aujourd'hui en vigueur et doit, en conséquence, s'appliquer. Le temps du débat, s'il doit se poser, pourra advenir plus tard.

Je me penche sur son visage.

« Je t'aime… Je continue à me battre pour toi. »

Le CHU suivra...

« Madame Lambert, ici le cabinet de la ministre de la Santé, madame Marisol Touraine souhaite vous parler. »

Quand une histoire privée devient une affaire d'État, quand le cas de Vincent devient l'« affaire Vincent Lambert », rien ne vous surprend. Je suis tout de même impressionnée par le fait qu'une ministre me parle en direct et, en même temps, tout me semble si surréaliste.

Je comprends que l'histoire de Vincent soit devenue un enjeu politique, même si la ministre m'assure m'apporter un soutien de manière personnelle. Elle me demande pourquoi je freine à faire appel. Je lui explique

que je ne comprends pas comment moi, toute seule, je pourrais avoir un impact pour faire appliquer la volonté de Vincent et, de surcroît, une décision médicale.

« Si vous voulez faire appel, le CHU suivra. »

Nous avons quinze jours pour faire appel au Conseil d'État. L'hôpital freine pour y aller. Les nouvelles ne sont pas encourageantes. Je ne peux pas être seule dans la démarche. Il faut que je continue à porter la voix de Vincent, mais je n'ai pas envie non plus de passer pour celle qui veut sa mort à tout prix. Le poids du regard des autres sur moi est de plus en plus lourd. « Elle veut vraiment le tuer », pensent-ils. J'attends l'appel du CHU qui ne vient pas.

Je me sens plus seule que jamais dans la tourmente.

Certains membres de la famille décident de publier une tribune dans *Le Monde* pour faire pression sur le CHU. Ils me la font lire.

« En matière de prise d'otages, lorsque les situations s'enlisent, ce sont souvent les familles qui poussent les gouvernements à trouver des solutions. Aujourd'hui, avec notre frère et oncle, Vincent Lambert, c'est le pays tout entier qui est pris en otage par une frange extrême de la société, représentant une minorité très agissante, comme souvent. »

Pour François et les Lambert qui partagent son point de vue, il est temps d'agir, de porter l'affaire jusqu'à la plus haute juridiction administrative. Les quinze jours requis pour décider d'un recours auprès du Conseil d'État sont largement écoulés, et pourtant c'est le *statu quo*.

Les Lambert veulent mettre la pression sur le CHU de Reims, dont la direction est frileuse. Ils soulignent dans leur tribune la contradiction entre une équipe médicale « dévouée, qui ne peut se résoudre à laisser les choses en l'état », et une administration prête à pratiquer un « acharnement thérapeutique ».

« Ce serait accepter que, dans notre pays démocratique, des mouvements extrémistes décident de nos vies. » Le docteur Kariger a le soutien du Conseil de l'ordre des médecins de la Marne pour un recours au Conseil d'État constatent-ils, mais pas celui de l'Ordre national. La fratrie Lambert s'étonne de n'avoir reçu aucun courrier de la ministre de la Santé pour confirmer son appui.

« Comment a-t-on pu en arriver à un point où les membres d'une famille qui ont voulu soutenir le CHU dans cette épreuve judiciaire difficile en sont réduits, au choix, à regarder impuissants l'acharnement sur un être cher, en attendant qu'une nouvelle loi soit votée pour le soulager, ou à demander eux-mêmes à ce qu'une décision médicale soit respectée auprès du Conseil d'État ? »

Les signataires de cette tribune pointent les limites, selon eux, de la loi Leonetti, qui « autorise une injection létale de calmants (et seulement de calmants) sans intention de donner la mort (*sic*), qui demande à ce que soient prévenus (y compris oralement) les membres d'une famille, sans définir ce qu'est la famille, et, à défaut, un proche ». Pour eux, les notions d'acharnement thérapeutique et de famille ne sont pas clairement définies par la loi. Ils suggèrent, pour éviter les situations inextricables comme celle de Vincent, plus de « rigueur ».

Ils concluent en tentant de donner au cas de Vincent une portée universelle : « Vincent risque fort de devoir continuer à vivre dans la souffrance et le déni de sa volonté clairement exprimée par oral : Vincent n'anticipait pas cette situation au point d'écrire ses directives, comme 98 % de la population française. »

Ce texte est cosigné par Marie Lambert (sœur de Vincent Lambert), Joseph Lambert (frère de Vincent Lambert), Marie Geneviève Lambert (demi-sœur de Vincent Lambert), François Lambert (neveu de Vincent Lambert), Guy Noël Philippon (demi-frère de Vincent Lambert) et Frédéric Philippon (demi-frère de Vincent Lambert). Il est publié le 27 février 2014.

*

* *

Je ne suis pas cosignataire de cette tribune.

Marisol Touraine s'exprime également sur le sujet et affirme, à plusieurs reprises, que si je saisissais le Conseil d'État, le CHU de Reims ferait alors appel. Elle ne m'a pas menti. Je n'ai donc pas besoin de signer ce texte, puisque le message de la ministre est suffisamment clair.

Nous avons quinze jours pour faire appel. Mais le temps passe et je ne vois rien venir. Malgré la tribune, rien ne bouge du côté du CHU. J'ai peur qu'il ne soit vite trop tard si je n'engage pas une action moi-même. Je me vois contrainte de prendre les choses en main.

Tout va dépendre de mon initiative, je ne souhaite surtout pas me tromper. Et puis, je suis en pleine phase de réflexion : savoir si je suis capable de porter l'appel au Conseil d'État, car ce sera à moi d'en subir les conséquences.

Tout cela me dépasse ; il y a une véritable guerre de pression, et moi je ne suis ni ministre ni médecin, je suis juste la femme de Vincent.

Maintenant, tout dépend de moi. Je dois saisir le Conseil d'État, c'est la seule solution.

Je fonce, c'est décidé. Avec ou sans le CHU. Sinon, je ne pourrai plus rentrer dans la chambre de Vincent sans me dire que je suis complice de sa condamnation à rester dans un lit. Je ne me sentirai plus respectueuse de sa mémoire ni des vœux de fidélité formulés lors de notre mariage, bien au-delà de la fidélité conjugale.

Le 21 janvier, j'en informe le ministère, puis je fais part de ma décision publiquement par l'AFP.

Pour garder la tête haute quand tout cela sera terminé.

Filature

L'infirmière ouvre la porte de la chambre de Vincent. J'ai dû montrer mes papiers d'identité, même si elle me connaît. Une caméra de surveillance est installée à l'entrée.

Depuis quelque temps, la chambre de Vincent fait l'objet d'une procédure de sécurisation.

La porte ne s'ouvre qu'avec des clés électroniques, qui sont uniquement entre les mains des infirmièrcs. Les aides-soignantes doivent prendre les noms et prénoms des visiteurs avant de pouvoir les conduire au chevet de Vincent. Elles inspectent même Vincent avant et après chaque visite.

L'atmosphère à l'hôpital est devenue extrêmement pesante. C'est plus que jamais un lieu de grande tension.

Depuis la décision du tribunal administratif, c'est l'embouteillage à Sébastopol : moi qui étais là depuis cinq ans, je dois désormais « cohabiter » avec mes beaux-parents. Évidemment, nous nous croisons, même si je fais tout pour les éviter, histoire de me préserver. S'ajoutent également à nos visites celles des frères et sœurs de Vincent, de François, son neveu.

La procédure de sécurisation de la chambre est une initiative de l'hôpital. Elle a été mise en place afin de se prémunir contre les journalistes, les importuns qui se prétendent de la famille et veulent aller prier dans la chambre, de circonscrire toutes les passions que cette situation déchaînent.

J'ai parfois l'impression que tout le débat sur la fin de vie se joue dans cette chambre, autour de mon mari. Je ne suis pas choquée par cette procédure, c'est juste la conséquence de la folie que l'on nous a imposée, la médiatisation, le tourbillon de la justice, la mise sur la place publique d'une histoire devenue une « affaire ».

Après l'annonce de ma saisine du Conseil d'État, le CHU et François Lambert, le neveu de Vincent, se sont associés à la requête en référé devant la plus haute juridiction administrative. L'audience se tiendra le 6 février. Je sais qu'il me faudra de la force.

J'essaie d'en puiser auprès de Vincent.

*

* *

« Bonjour madame Lambert, je tenais à vous prévenir, un rapport de détective privé figure dans le dossier des Lambert et va être produit demain devant le Conseil d'État… », me prévient mon avocate.

Je tombe des nues. Nous sommes la veille de l'audience et j'apprends que j'ai été suivie depuis la mi-janvier. Dans ce rapport, il y a des photos de moi et de ma fille. Je me sens agressée. Je retiens mes larmes, car j'ai la petite à côté de moi. Je me sens salie. Même si le terme peut sembler un peu fort, j'ai l'impression d'avoir subi un viol. J'ai été touchée dans mon intimité. Jamais je n'aurais pensé que ça irait aussi loin. Comment une telle idée a-t-elle pu germer dans leur tête ? On cherche sans doute à prouver que j'ai un amant, que je souhaite refaire ma vie et que, dans ce but, j'ai hâte que Vincent parte !

J'ai été suivie à l'hôpital, à la sortie de l'école, lorsque je faisais des courses ; mon père et sa femme ont été pris en photo…

Cet inconnu a également pris des photos, et même des vidéos de ma fille. Ça me paraît fou.

Pour justifier ce qui est à mes yeux injustifiable, on invoquera le fait que l'on voulait savoir où se trouvait la petite. Le détective a été sollicité le lendemain de la décision de l'arrêt du traitement. Son rapport a été déposé au Conseil d'État pour appuyer leur mémoire en défense.

C'est dégoûtée et en colère que je m'apprête à aller à l'audience. Je n'avais pas besoin de cette nouvelle absurde pour affronter cet impressionnant rendez-vous avec la justice.

La pression était déjà suffisamment forte avant que l'on m'inflige cet ultime affront.

*
* *

« Je me permets de prendre la parole et, pour cela, me suis autorisée de passer par le biais de l'écrit, n'étant pas rompue à l'exercice de la prise de parole et, de surcroît, dans ce contexte tellement douloureux pour moi.

Voilà de ça cinq ans et demi, je venais à peine de dire au revoir à mon mari quand des gendarmes ont sonné à ma porte pour m'annoncer que Vincent venait d'avoir un terrible accident.

D'un coup, nous passions du tout nouveau bonheur d'être parents à la condamnation à la tristesse.

J'ai mis alors un point d'honneur à ne pas laisser autant que faire se peut Vincent seul.

Seule, je l'ai été pendant toutes ces années. Même si la tristesse touche l'entourage, chacun reprend le cours normal de sa vie. Ainsi va la vie.

Cette solitude dans l'accompagnement de mon mari, j'ai essayé de l'apprivoiser, car, pour moi, il était impératif de démontrer à Vincent combien il était important à la famille que nous venions de créer.

Depuis toujours, je savais de par nos conversations que mon mari se refusait d'être un jour diminué ou, pire, totalement à la merci de quelqu'un, cloué à un lit.

Il exécrait le handicap à quelque niveau que ce soit. Tout a été mis en œuvre pour faire évoluer son état.

Malheureusement, nous avons été confrontés aux limites de la médecine.

Lorsque l'on se retrouve seule avec un jeune bébé, il est inconcevable de voir partir son mari. Alors, le fol espoir de l'évolution de son état nous maintient et nous aide à faire face. Malgré tout, je n'ai jamais oublié ce que Vincent m'avait dit, quels étaient ses convictions, ses goûts et dégoûts.

Pour arriver à accepter de respecter les souhaits de Vincent et la décision médicale, j'ai dû le payer par le long accompagnement que j'ai effectué auprès de lui.

L'année dernière, la médecine, qui avait quelque part créé l'état dans lequel se trouve Vincent, se posait des questions sur son état.

La médecine s'est simplement demandé : qu'est-ce qui était de l'ordre du raisonnable ou du déraisonnable au regard de Vincent ? Elle reconnaissait au passage qu'elle avait ses limites et essayait alors d'être en accord avec qui était mon époux.

Comme je l'ai déjà dit, je n'ai rien demandé à cette médecine : ni l'état dans lequel elle avait laissé mon mari, ni la fin abrupte de sa vie. Je n'ai fait que témoigner de qui était Vincent et, par la suite, outre le fait d'adhérer à une décision médicale, j'ai consenti à ce que mon mari avait clamé avant son accident : pas de vie diminuée, pas de handicap, pas d'acharnement thérapeutique.

J'ai essayé de porter cette voix et une dernière fois, ici, devant vous. Ça sera certainement l'ultime possibilité de le faire. Permettez-moi de conclure par deux dernières réflexions :

À ceux qui tentent d'insinuer que j'ai un intérêt à voir partir mon mari, je voudrais dire que ces accusations sont ignobles. Je n'ai jamais été abandonnante durant toutes ces années. Il est vrai que l'année qui vient de passer a été d'une effroyable dureté. Afin de pouvoir continuer à porter la voix de Vincent, j'ai ces derniers temps, et, pour la première fois, ménagé ma monture. Je ne suis malheureusement pas un puits sans fond de force et de courage.

J'aurais souhaité que ma vie privée, peut-être privée de beaucoup de choses, mais privée tout de même, ne soit pas ainsi violée.

C'est une énième folie à supporter. La folie s'est emparée de cette affaire (d'ailleurs, on parle de l'"affaire Lambert", il serait plus honorable de parler simplement d'un homme), il est donc de mon devoir de protéger notre enfant de tout ceci.

Dans ce long combat qu'a été cet accompagnement, j'ai bien appris une chose : avant d'avoir des droits, il y a des devoirs. Je pose juste une question qui n'aura pas de réponse :

À l'heure d'aujourd'hui, beaucoup se revendiquent des droits sur mon époux, mais qui a rempli ses devoirs à son égard ?

Je pense humblement que le premier devoir que nous avons envers lui, c'est de ne pas oublier qui il a été.

Au passage, je voudrais m'interroger sur le fait que certains émettent un avis tranché sur la question de la vie de mon époux. Le connaissent-ils ? De quel droit parlent-ils ? L'ont-ils accompagné ?

Il n'y a pas de référendum à avoir sur la situation de mon époux. Qui le supporterait pour sa propre vie ? Enfin, si le Conseil ne reconnaît pas le droit à Vincent d'avoir été la personne qu'il a été et ainsi d'avoir eu des opinions tranchées qui ont structuré sa personnalité, je demande alors : qui devra faire le deuil de la parole de Vincent ? »

La lecture de mon texte m'a complètement vidée. J'ai du mal à tenir debout. Je suis au centre de la salle du contentieux, au Conseil d'État. Il y a des dorures, des tableaux de maîtres. Je suis intimidée, mais fière de prêter ma voix à Vincent qui n'est pas là pour s'exprimer.

Une épreuve dont je me serais bien passée, mais une épreuve nécessaire. J'ai fait ce que j'avais à faire. Mon humiliation est désormais publique, j'ai l'impression que toute la France est réunie dans cette salle. Tout le monde sait que j'ai été suivie par un détective, je me sens bafouée, et je le dis à mots couverts. Le peu de vie privée qu'il me reste aurait dû rester privée. Même cela, on me l'enlève.

Ce matin, j'ai fait le trajet avec mon avocate, Me Sara Nourdin. Nous nous sommes donné rendez-vous dans une brasserie place du Palais-Royal avec l'avocat au Conseil, Me Bruno Odent.

Les camions de télévision sont arrivés avant l'audience. Mon avocat s'est mis d'accord avec la greffière en chef pour pouvoir entrer en toute discrétion. J'arrive donc au Conseil d'État meurtrie, révoltée, sans aucune envie de me retrouver dans la même salle que les Lambert, après tout ce que j'ai subi.

Nous entrons dans l'édifice. La greffière nous fait passer par une pièce mitoyenne de la salle du contentieux. Il y a plusieurs écrans, je comprends que les journalistes vont suivre l'audience d'ici, qu'il y aura beaucoup de monde.

La séance va débuter. Pierre et Viviane Lambert sont en face de moi. Le professeur Ducrocq, l'expert qui souhaitait prendre Vincent dans son service à Nancy, est là, à leurs côtés, comme s'il était partie dans l'affaire.

Je découvre également la présence des représentants de l'Union nationale des associations et familles de traumatisés crâniens et cérébrolésés (UNAFTC), invitée-surprise de cette procédure d'appel. Ils sont venus expliquer qu'« un traumatisé crânien n'est pas en fin de vie » et que, « une fois leur situation stabilisée, ces personnes peuvent vivre longtemps, voire très longtemps ».

Leur intervention résume à elle seule l'une des principales différences d'interprétation : est-il question d'un cas singulier ou d'un cas emblématique dont l'impact rejaillira sur les 1 500 patients français qui, comme Vincent, sont en état dit « pauci-relationnel » ?

L'audience se transforme en véritable débat sur la fin de vie : Vincent est-il atteint d'une maladie incurable ou souffre-t-il d'un handicap ? Sa nutrition par sonde gastrique est-elle un traitement médical ou une simple façon de l'alimenter ? Ses volontés de ne pas subir d'acharnement thérapeutique, exprimées avant son accident auprès de moi, peuvent-elles être prises en compte ? Les juges ont-ils à décider du sort d'un homme à la place des médecins ?

On refait toute l'histoire, encore et encore.

« Ce n'est pas un débat juridique, c'est un débat humain qui pose des problèmes d'ordre médical. Le juge n'a rien à voir là-dedans », clame Me Odent, mon avocat.

« Le tribunal administratif a refusé de prendre en compte la volonté exprimée par Vincent Lambert pour des motifs incompréhensibles. Le tribunal administratif a réécrit la loi », assène Madeleine Munier-Apaire, avocate de François Lambert. « Dans cette procédure de fin de vie, tous les garde-fous, tous les protocoles ont été respectés. Les juges se sont faits médecins et même législateurs. Ils n'ont pourtant aucune compétence ni légitimité pour se prononcer sur une décision médicale. »

J'ai hâte que l'audience se termine, qu'une décision soit prise, c'est tellement éprouvant d'être là, d'entendre parler de mon mari, lui qui n'est pas là, Vincent que tout le monde semble désormais connaître. Je suis là par amour. Un amour qui n'est pas égoïste, mais un amour profond pour mon mari qui vit depuis plus de cinq ans une épreuve permanente.

Me Claire Le Bret-Desaché, l'avocate des parents Lambert, s'engage sur le terrain « des questions éthiques et philosophiques ».

« Comment, dans le doute, ne pas donner préférence à la vie ? » demande-t-elle. Puis elle énumère les raisons qui devraient, selon elle, pousser le Conseil d'État à valider la décision du tribunal administratif.

« Le patient n'est pas en fin de vie, mais gravement handicapé. Concernant sa volonté, personne n'est en mesure d'interpréter avec certitude ses souhaits actuels. De plus, dans ce dossier, le consensus médical exigé par les textes fait défaut, tout comme le consensus familial. »

« Il ne me semblait pas que, dans la loi Leonetti, il fallait un consensus », lui répond, comme en écho, le docteur Kariger.

Après mon intervention Viviane Lambert demande la parole, elle affirme qu'elle ne savait pas qu'elle pouvait parler, elle n'a rien préparé…

« À Noël, nous avons demandé à Vincent s'il était content, il a fermé intensément les yeux. »

Encore une fois, elle laisse entendre qu'une relation est possible, quand les médecins de Vincent affirment le contraire. Elle dit que son fils l'attend tous les soirs, que, tous les soirs, elle lui prend la main.

Silence dans la salle. Pas de cri, aucun bruit.

Je n'arrive pas à mesurer combien de temps l'audience dure, je suis dans un no man's land temporel, tout est en suspension, j'ai l'impression que la terre s'est arrêtée de tourner…

Le juge des référés, Bernard Stirn, conclut la séance : devant « la très grande difficulté » des questions posées par ce dossier, d'ordre juridique, mais aussi déontologique, éthique et humain, il exclut « qu'elles puissent être tranchées par un juge unique ». Tout cela n'augure rien de positif.

Je quitte la salle et je me rends aux toilettes. Je croise le président de l'Union nationale des associations et familles de traumatisés crâniens. Il veut me présenter ses hommages, je lui réponds poliment : « Écoutez, monsieur, vous savez très bien à quel point la situation est douloureuse – lui est papa d'un jeune homme en état pauci-relationnel –, moi je ne me permets pas de porter un jugement sur la qualité de vie de votre fils, alors pourquoi se mêler de l'histoire de Vincent ? » Il dit que, derrière Vincent, il y a des enjeux bien supérieurs.

Pour cette association, l'alimentation artificielle n'est pas un traitement, mais un soin dû. Je pense que ce n'est pas empiéter sur la liberté des autres patients pauci-relationnels que d'avoir sa liberté propre. Je ne souhaite pas que ce qui est envisagé pour Vincent soit appliqué à tous.

L'approche de cet homme me paraît comme une intrusion dans notre vie intime, un nouveau camouflet.

En état végétatif

Je marche dans les ruelles pavées de la petite ville où j'ai trouvé refuge depuis plusieurs mois. Il fait beau ce matin, juste un peu frais. Je viens d'emmener ma fille à l'école. J'ai peu dormi, j'ai dû lutter contre une insomnie.

Ce matin du 6 mai 2014, on parle encore de Vincent à la radio, à la télé, sur les sites Internet des quotidiens. Je suis allée le voir ce week-end, lui ai apporté quelques tee-shirts. J'ai besoin de le sentir.

Hier, en fin d'après-midi, le pré-rapport d'expertise, commandé en février dernier par le Conseil d'État, a été rendu. Il a aussitôt fuité dans les médias. Pour se prononcer, le juge des référés a préféré jouer la carte de la prudence en sollicitant une expertise médicale confiée aux professeurs Marie-Germaine Bousser, Jacques Luauté et Lionel Naccache, désignés sur proposition de l'Académie nationale de médecine, du Comité consultatif national d'éthique (CCNE) et de l'Ordre des médecins. Le député Jean Leonetti a également été sollicité.

Entre le 5 mars et le 11 avril, les trois experts en neurosciences ont soumis à neuf reprises Vincent à une batterie de tests et d'examens très poussés, notamment à la Pitié-Salpêtrière au mois d'avril. Ce temps imposé par la justice a été une période de réflexion.

En première instance, nous avions pu avoir le sentiment que l'on n'approfondissait pas la situation. Là, la justice prend son temps, et j'espère que ce ne sera pas du temps gâché. La justice a décidé de faire des expertises, de s'approprier l'histoire personnelle et médicale de Vincent. C'est rassurant, le Conseil d'État ne prend pas cela à la légère.

Le rapport est sans appel, il décrit un pronostic clinique sans réel espoir. La situation de Vincent s'est détériorée, il est désormais en état végétatif. J'ai mal pour lui.

Derrière les termes techniques du rapport, je comprends ce qui se joue. Vincent est plus que jamais en fin de vie. « Lésions cérébrales irréversibles », « atrophie cérébrale majeure témoignant d'une perte neuronale définitive »... Ces mots tellement barbares résonnent en boucle dans ma tête.

Il n'y a plus aucun espoir. Mon mari ne ressent plus rien, il ne communique pas. « Nous n'avons jamais pu obtenir la moindre forme de communication fonctionnelle... », tranchent les auteurs du rapport. Tout cela est tellement violent, difficilement supportable.

Je marche dans les ruelles et mon téléphone n'arrête pas de sonner. Les journalistes... Ils veulent ma réaction, j'ai encore besoin de temps. Le moindre mot compte, mes phrases seront scrutées à la loupe.

Je n'accepte pas de direct. Je finis par opter pour un entretien. J'ai pris un maigre déjeuner et je m'isole dans un lieu calme afin de répondre aux questions. J'explique à des milliers d'auditeurs ce que je ressens, j'essaie de contenir ma douleur, malgré les interrogations du journaliste sur les tensions qui déchirent la famille.

Vincent est désormais dans cet état végétatif qu'il exécrait. La seule chose qu'il puisse ressentir, c'est une extrême souffrance neurologique. Je suis dans ce que j'appelle le « à la fois, à la fois ». J'éprouve une grande tristesse, car Vincent ne peut plus être en interaction avec son entourage, il ne peut plus percevoir ne serait-ce qu'un infime moment de joie, ni une forme de soulagement, dans le sens où il n'est pas conscient de l'état dans lequel il se trouve, dans lequel il n'aurait jamais supporté se trouver.

J'appréhende les semaines à venir. Tant que la justice n'a pas tranché, tout peut encore arriver pour Vincent. Mais j'ai encore l'espoir qu'il soit entendu. Vincent n'est cependant déjà plus parmi nous puisqu'il n'a plus de conscience. J'attends de la partie adverse qu'elle m'explique dans quelle mesure il n'est pas maintenu artificiellement en vie.

Je me prépare à tout et à rien, car le futur est incertain. Je sais que ce sera douloureux. Certains affirment que je suis forte et résistante. Forte, je ne sais pas. Mais je tiens, par amour. Je suis mère de famille, je dois assurer aussi. Et puis je reproche assez que l'on m'attaque pour ne vouloir attaquer personne. Je veux rester digne, et que Vincent soit toujours au centre de mes propos. Le reste est secondaire.

Se défendre

En rentrant ce soir chez moi, je me connecte à Internet. Je tape le nom de Vincent Lambert. Toujours cette photo, insoutenable, avec la femme, le tableau et l'oiseau, des clichés de Michael Schumacher aussi... Puis je découvre l'existence d'une page Facebook intitulée « en soutien à la famille de Vincent Lambert », avec pour objectif affiché d'atteindre les 5 000 « like »...

Qui sont ces gens qui, sans connaître mon mari, se permettent de publier la photo de Vincent sur son lit, avec un gros plan sur son visage ? Qui sont ces gens qui postent des photos avec le nom de mon mari tagué sur des passages piétons et sur des abribus ?

Tout cela est très pénible et m'agresse. On utilise l'image de mon mari, on répète que des proches veulent le voir partir, dont sa propre femme. Je découvre des commentaires insupportables.

Mais ce ne n'est pas le plus terrible : on utilise des photos de lui quand il était jeune, petit, quand il était scout. On met en scène la pire période de sa vie, avec des commentaires. Vincent est récupéré par des gens qu'il ne connaît pas ou qui l'ont méconnu.

Quand j'ai saisi la justice, je l'ai fait pour Vincent, je n'ai pas demandé un référendum sur la vie de mon mari.

Alors, ce soir, j'ai décidé de prendre la plume, de coucher ma colère sur papier et de m'adresser à ces inconnus qui déversent tout cela et à ceux qui en sont les instigateurs. Je me saisis d'un stylo, du petit cahier dans lequel je note mes états d'âme. Et j'écris, d'un jet.

« Alors ce soir, le cœur lourd, écœurée et meurtrie, je me pose des questions. Comment peut-on attaquer quelqu'un de la sorte sans le connaître ?

Au fil de mes lectures, sur des sites de grands journaux ou sur des blogs, j'ai pu découvrir de nombreux commentaires terribles. Au regard de certains, je serais un "monstre", un "assassin", une "pièce rapportée". Je ne retrouve pas non plus Vincent dans ce qui est dit de lui – un simple handicapé. Vincent est l'homme que j'aime, comme on aime une seule fois dans sa vie.

Indéfiniment est remis en cause le fait qu'il ait pu se positionner sur la fin de vie ou sur la grande dépendance. Une fois encore, des personnes complètement inconnues parlent pour lui.

Tous les jours, dans l'anonymat d'Internet, des étrangers expliquent que nous ne sommes pas une famille. Des personnes que ni Vincent ni moi ne connaissons estiment même que je n'ai qu'à divorcer.

Toutes ces remises en cause de notre mariage sont difficilement supportables. J'ai le sentiment douleureux que nous sommes niés : notre famille, notre enfant, fruit de l'amour, Vincent en tant qu'homme qui a fait des choix et a aimé.

Peu importe que l'on m'attaque, c'est loin d'être ce qui me fait le plus mal, même si c'est extrêment désagréable. Mais je ne peux me résoudre à ce que mon mari soit annihilé.

Au nom de la collectivité, je ne vois pas pourquoi il faudrait sacrifier sa liberté personnelle. Tout cela me dérange d'autant plus que, à mon sens, la liberté qu'a eue Vincent d'avoir ses propres convictions n'empiète en rien sur la liberté des autres.

Je ne comprends pas comment ceux qui peuvent croire au libre arbitre ne laissent pas les autres jouir de cette même liberté.

Peut-être trouve-t-on que je manque d'humilité quand je dis que, moi, j'ai bien connu Vincent. Pourtant, et je n'en tire aucune fierté, moi, j'ai eu ces conversations avec lui, et je l'ai bien entendu. Je suis heureuse qu'il ait eu confiance en moi, qu'il se soit ouvert à moi comme il l'a fait.

En revanche, je trouve bien péremptoires tous ces jugements à l'emporte-pièce, comme s'il fallait rendre des comptes à la population de notre intimité. Les seuls comptes à rendre sont vis-à-vis de Vincent, de notre conscience et, peut-être un jour, de Dieu.

Je crois que la plupart de ceux qui ont l'occasion d'écrire de tels commentaires ne supporteraient pas pareille intrusion au sein de leur famille ou de leur couple, une telle atteinte à leur intimité.

Rien n'est certes plus humain que d'avoir une opinion sur tout et sur tout le monde. Mais il me semble que chacun devrait être capable de dépasser ces jugements primitifs et instinctifs. C'est loin d'être facile. Rares sont ceux capables de dire qu'ils ne jugent jamais instinctivement. Pas moi.

Je ne cesse de m'interroger sur l'utilité de faire part aussi violemment de ses opinions. Pour ma part, ces réflexions me font mal, je n'ai pas l'aplomb de croire que je détiens toutes les réponses.

Des photographies de Vincent ont été affichées sur des abribus, d'autres diffusées sur la Toile, son nom a été "tagué" sur des trottoirs. Certains s'approprient mon époux. Tout cela est incompréhensible pour moi.

Personne n'aimerait voir son image utilisée ainsi, à tort et à travers. Il ne faut pas oublier que si Vincent est un homme, il est aussi un père. Il n'aurait jamais voulu que son enfant soit mis dans une telle situation.

Que l'on ait si peu de respect pour moi, je ferai avec, mais que l'on en ait pas non plus pour notre enfant, je ne le tolère pas. »

Je requiers l'arrêt des soins

Je tourne dans mon lit, je suis en sueur, je n'arrive pas à dormir. Il est 4 heures, ce matin du 20 juin 2014. Dans quelques heures se tiennent les plaidoiries au Conseil d'État. Cette nuit, j'ai imaginé tous les scénarios possibles. Je sais que, même si le Conseil d'État nous donne raison à moi, à François Lambert ainsi qu'au docteur Kariger, mais surtout à Vincent, ses parents et leurs avocats trouveront une autre parade.

Je ne tiens plus, il faut que je me lève. Je file à la gare retrouver mon avocate. Direction Paris, place du Palais-Royal. J'ai l'impression de revivre la scène du 6 février dernier. Même décor, même apparat, mêmes protagonistes.

Mais, cette fois, je ne parlerai pas.

Je pleure pendant l'audience, des larmes d'émotion, à l'écoute de la vibrante plaidoirie de Rémi Keller, le rapporteur public. Il a exprimé un avis tranché, une position ferme.

« Aussi forte soit la douleur d'un père ou d'une mère et aussi respectables soient leurs convictions, leur conférer un droit de veto, ce n'est pas le sens de la loi. En intervenant, un médecin ne tue pas, il est la main qui soigne et non la main qui tue. La procédure n'a été entachée par aucune irrégularité. La loi Leonetti a été parfaitement respectée. »

J'aime sa façon de parler de Vincent comme d'« un homme emmuré dans sa nuit de solitude, et d'inconscience », « un homme dont la voix nous parvient de façon ténue et fragile ».

J'aime sa façon de recentrer le débat sur la loi et uniquement la loi en s'adressant aux juges : « Il ne s'agit pas d'un litige ordinaire, votre décision sera une décision d'espèce, liée à la singularité de monsieur Vincent Lambert. La réponse que vous apporterez sera douloureuse. Vous n'êtes pas les garants de la vie à tout prix, vous êtes les garants de la loi. » J'aime encore sa façon de mettre en perspective le rôle de la médecine : « Lorsque les conditions de l'obstination déraisonnable sont réunies, lorsqu'il n'existe plus d'espoir de guérison, quand la quasi-totalité des médecins et de l'équipe soignante ainsi que la majorité de la famille se rejoignent pour dire que le traitement ne doit pas être poursuivi, lorsqu'il est permis de penser que tel aurait été le souhait du patient, alors la loi autorise la médecine à se retirer. »

Puis il se tourne vers les parents : « Certains des mots qu'ils ont entendus ont dû leur être douloureux. Qu'ils sachent qu'ils ont été difficiles à prononcer. Notre souci a été de respecter, en toute humanité, notre rôle de gardien de la légalité. »

« Je requiers donc l'arrêt des soins. »

Longtemps cette phrase libératrice retentira dans ma tête, longtemps je garderai en moi l'image de cet homme à la voix affirmée et aux gestes assurés enfin venir à la rescousse de mon mari, de manière objective et dépassionnée.

La séance s'enchaîne sans pause. Mon avocat, Me Odent, se lève, plaide face aux dix-sept juges. « Par amour profond, Rachel Lambert a fait le seul choix que son mari réclamait de faire. »

Cela me gêne d'être mise en avant, mais mon avocat le fait à dose homéopathique, juste ce qu'il faut pour expliquer le sens de ma démarche. Je souhaite qu'on laisse partir Vincent, accompagné d'amour, de mon amour sincère et qui n'a jamais faibli tout au long de ces épreuves.

Tout ce que j'ai entrepris depuis six ans, je l'ai fait pour lui, et uniquement pour lui.

« La procédure a été régulière, comme l'a dit monsieur le rapporteur public, elle a été exemplaire, consultant bien au-delà de ce que prévoit la loi, conduite pendant quatre mois, de septembre 2013 à janvier 2014, en incluant dans la réflexion la famille élargie, qui a abouti à une décision motivée, très motivée… Le maintien de l'alimentation ne peut avoir d'autre but que le maintien artificiel de la vie », poursuit Me Odent.

Quand je repense à ces mois de folie, de conseils familiaux tendus, de réunions avec les médecins pour réfléchir à la meilleure solution pour Vincent, j'ai le tournis. Quand je pense que nous sommes tous là, à nouveau dans cette salle du contentieux, et que tout cela aurait pu nous être épargné, surtout à Vincent, j'ai le ventre qui se noue.

Que de gâchis, que de temps perdu, que de souffrance pour tout le monde.

L'avocate de François Lambert, Me Madeleine Munier-Apaire, prononce des mots qui auraient pu être les miens : « Il n'y aura ni partie perdante ni partie gagnante. Nous sommes tous aujourd'hui éclairés. Sur l'état de Vincent, le doute n'est plus permis. C'est choisir la vie que de dire non à la vie artificielle. Pour que s'achève l'affaire Vincent Lambert et que Vincent retrouve sa liberté. »

Deux heures se sont presque écoulées, j'ai hâte que cela se termine, je sais bien que la décision va être mise en délibéré, j'espère que cela ne sera pas trop tard dans la semaine prochaine. Et puis, je dois encore écouter la partie adverse, j'ai de plus en plus de mal à entendre leurs arguments. C'est à chaque fois un crève-cœur. Mais il faut que je reste calme. Une fois de plus.

Me Claire Le Bret-Desaché, avocate des parents Lambert, s'emporte et tire sur la corde sensible : « Je n'aimerais pas être à votre place… Vincent peut vivre encore de longues années. Imaginez que ce soit votre fils, un fils qui ne souffre pas, mais un fils handicapé. Regardez-le : il dort, il sourit, il a de l'eau dans les yeux, souvent il pleure, regardez-le, il vit ! »

Ces mots me heurtent. Je sais bien qu'elle est dans son rôle, celui de porter la parole des parents de Vincent. Mais j'aimerais tant que ce soit la vérité, que Vincent vive vraiment. J'aimerais tant ne pas être là aujourd'hui, rembobiner le film et nous retrouver tous les trois avec notre fille dans notre petite maison du bonheur. Cette vie-là restera à jamais enfouie dans mon cœur et, si elle s'écrit au passé, elle m'accompagne au présent et me porte pour les années à venir.

L'avocate poursuit sa plaidoirie et me tire brutalement de mes pensées. Elle fait maintenant référence à un mail que Viviane lui a envoyé deux jours auparavant. Elle le lit : « Je me permets de vous dire qu'hier Vincent a eu des moments de conscience ; pour la première fois, j'ai craqué en tenant Vincent dans mes bras ; Vincent avait les yeux remplis de larmes devant moi, sa mère impuissante. Ce furent des instants forts et indescriptibles. » L'avocate fait une pause : « Entendez le cri de cette mère ! »

Puis elle s'emporte : « Doit-on laisser mourir Vincent au terme d'une longue agonie ? Lui infliger les souffrances terribles jusqu'à ce que mort s'en suive selon la formule consacrée pour les suppliciés au Moyen Âge ! »

Je sors vite de l'audience. Je veux m'extirper de cette cour. Je file à la gare de l'Est, je prends le premier train en partance pour Reims. Il faut que je me rende à tout prix auprès de Vincent.

Je lui apporte un nouveau gel douche et ce que je pense être une bonne nouvelle. Aujourd'hui, la justice a fait un grand pas. Le rapporteur public du Conseil d'État, Rémi Keller, a préconisé l'arrêt du traitement. La décision a été mise en délibéré. Nous saurons mardi à 16 heures ce que les dix-sept juges de la plus haute juridiction administrative auront conclu.

Avant, je souhaite m'étourdir de vie auprès de ma fille, avec laquelle je vais passer ce long week-end d'attente. Même si j'essaie de nous préserver, je lis tout de même la presse. Certains titres de journaux me heurtent, certaines publications écrivent que le rapporteur public préconise la mort de

Vincent Lambert. Sur Facebook, les passions se déchaînent, on parle d'assassinat : « Le Conseil d'État rétablit la peine de mort », peut-on lire sur un post ; France Jeunesse Civitas appelle à la mobilisation dans la rue.

Je n'aime pas la tournure des événements, la récupération idéologique de notre histoire.

*

* *

« Vincent, tu m'entends, je rentre de Paris. Ta voix est sur le point d'être entendue. »

Je suis au chevet de mon mari. J'aimerais pouvoir lui en dire plus, être en mesure de le rassurer entièrement. Mais j'évite de lui expliquer en détail ce qui se passe à l'extérieur de la chambre.

J'ai appris cette dernière année à cloisonner. Il y a le temps de Vincent, ce qui peut se passer dans l'intimité de cette chambre d'hôpital, et le temps judiciaire et médiatique. Je veille à ne pas amalgamer : l'« affaire Lambert », comme titrent les journaux, n'a pas à rejaillir sur l'intimité de Vincent.

Quand je suis à son chevet, je m'efforce de lui donner des nouvelles de sa fille, je lui parle de son entrée en classe supérieure, de sa vie de tous les jours. De tous ces moments que l'on peut percevoir sur chacune des photos que j'ai affichées dans sa chambre.

Ce 24 juin 2014

La nuit est tombée sur cette intense journée. Je suis seule dans ma chambre d'hôtel, à Reims. Mes yeux se ferment, je pose mon téléphone sur la table de nuit. Je pense à Vincent que j'ai vu aujourd'hui. Il était calme, le visage détendu. Avant de le quitter, je lui ai déposé un baiser.

Cet après-midi, peu après 16 heures, le Conseil d'État a rendu sa décision. J'étais dans ma voiture, sur le parking du CHU de Reims. Les éditions spéciales tournent en boucle sur les radios, puis place au direct.

Je reconnais la voix de Jean-Marc Sauvé, le vice-président du Conseil d'État : « Dans le cas particulier de monsieur Vincent Lambert, la procédure collégiale préalable à la décision d'ouvrir des traitements a été régulière. Sur le plan médical, les conclusions claires et unanimes du collège d'experts mentionnent que le patient est atteint de lésions cérébrales irréversibles. Il se trouve dans un état végétatif avec un mauvais pronostic clinique.

« Par ailleurs, Vincent Lambert avait clairement et à plusieurs reprises exprimé le souhait de ne pas être artificiellement maintenu en vie au cas où il se trouverait dans un état de grande dépendance. L'ensemble des informations recueillies sur l'histoire de monsieur Vincent Lambert ont conduit le Conseil d'État à estimer que l'arrêt des traitements dans une telle situation correspondait à sa volonté. »

Je n'entends plus la suite, je suis submergée par l'émotion, les larmes jaillissent. Je vis un moment étrange, irréel.

Ce 24 juin 2014, le Conseil d'État a reconnu la volonté de Vincent, enfin. Mais je n'arrive pas à être soulagée pleinement. L'ombre de la Cour européenne des droits de l'homme plane. Les parents l'ont saisie hier en urgence, avant même que la décision des juges du Palais-Royal n'ait été officiellement rendue.

En rentrant à l'hôtel, à la fin de cette longue journée, des propos véhéments à la télévision me sortent de ma réflexion. Me Triomphe, l'avocat des Lambert, est au micro. « C'est un homme mort que le Conseil d'État va remettre à sa mère et à sa femme. Nous voici au seuil d'une sombre barbarie qui s'annonce en blouse blanche. Car ce sont des milliers d'êtres sans défense qui ne peuvent s'exprimer, mais qui n'ont rien demandé, qui se retrouvent aujourd'hui dans les couloirs de la mort, à la merci du premier médecin venu. »

Il confirme un recours devant la CEDH, le répit risque d'être de courte durée.

Ce soir du 24 juin, mes paupières se ferment, je suis épuisée, dans un entre-deux. Je ne sais pas de quoi sera fait demain. Du meilleur comme du pire, pour Vincent. Sera-t-il enfin libéré de ce traitement qui a officiellement été qualifié d'obstination déraisonnable ? Pourra-t-il peu à peu s'en aller vers un repos bien mérité ?

Il est 22 heures et mon téléphone se remet à vibrer, sans cesse. Ce sont des journalistes. Je n'ai plus la force de donner une interview à cette heure tardive. Mais pourquoi insistent-ils ainsi ? Il n'y a rien de neuf depuis la décision de 16 heures.

Je finis par répondre à l'un d'entre eux, il veut recueillir ma réaction suite à la demande de la CEDH. Mais de quoi parle-t-il ? Tout est suspendu ? J'apprends que la CEDH a demandé ce soir au gouvernement de faire suspendre l'arrêt du Conseil d'État. La juridiction européenne s'appuie sur l'article 39 de son règlement, qui prévoit qu'elle peut imposer aux États des mesures urgentes et provisoires « à titre exceptionnel, lorsque les requérants seraient exposés – en l'absence de telles mesures – à un risque réel de dommages graves et irréversibles ».

Je suis abasourdie. Cette journée est sans fin. Cette histoire est sans fin.

24 juin 2014, longtemps je me souviendrai de cette date, le jour de tous les possibles, le jour d'un court et intense soulagement, le jour d'une terrible et éprouvante déception. Que faire ? Je n'ai pas le choix. Me

lever demain matin, pour une nouvelle journée de combat, pour une nouvelle journée d'épreuves. Il faut que je puise mon énergie dans la force de l'amour que je porte à mon mari, dans la force de sa personnalité et de ses convictions.

Et continuer au plus profond de moi de communier avec Vincent.

Dors, petit cœur

Leur voiture est là. Stationnée sur le parking de l'hôpital. Je n'ai pas envie de les voir, de me confronter à eux. J'ai du mal à me contenir depuis ce matin.

Le réveil a été violent. Pierre et Viviane Lambert sont plus déterminés que jamais à faire barrage à l'arrêt du traitement. Ils sont prêts à épuiser tous les recours juridiques possibles.

J'ai l'impression qu'il n'y aura jamais de répit. Je suis furieuse parce que l'avocat des parents de Vincent remet en cause ma parole, la restitution des souhaits de Vincent. Je suis en colère, car, sur les réseaux sociaux, on m'accuse de vouloir donner la mort à mon mari. C'est absurde. Même les mots d'« euthanasie passive » ne sont pas fidèles à la situation de Vincent.

Nous avons été au terme de ce que la médecine proposait. Je n'aurais jamais pu accepter cette douloureuse décision sans ce long chemin de stimulation. Malheureusement, la médecine ne peut plus rien faire pour Vincent ; il est dans un état irréversible ; face à cela, la médecine se devait d'être humble.

J'ai vraiment du mal à entendre que Viviane, même si c'est légitime qu'une mère s'accroche à la vie de son fils, raconte dans les médias que Vincent a tourné la tête au son de sa voix.

En six ans d'accompagnement de mon mari, j'ai appris à ne pas interpréter les mouvements de son corps, surtout à ne pas me laisser bercer d'illusions lorsqu'il bouge une jambe, remue les bras ou émet des grognements.

J'ai essuyé trop de déceptions pour savoir qu'il faut se préserver de toute fausse interprétation, et garder muet l'espoir que l'on a tapi au plus profond de soi. C'est d'ailleurs ce que les expertises nous ont malheureusement confirmé.

*
* *

Je dois patienter pour monter voir Vincent, attendre qu'ils s'en aillent. Je vais à la cafétéria de l'hôpital renouveler l'abonnement pour la télé de Vincent. Je passe devant le bureau du docteur Kariger, il donne une interview : pour lui, la requête auprès de la CEDH est la procédure de trop.

J'espère que la Cour européenne des droits de l'homme aura la sagesse de nous éclairer dans les plus brefs délais. Il faudra trouver un nouvel avocat apte à plaider devant cette haute instance. Éplucher encore le dossier pour parer à toute mauvaise surprise. Encore et encore s'exposer, exposer Vincent et son intimité, alors que le Conseil d'État lui offrait enfin le soulagement tant espéré. Que vais-je lui dire tout à l'heure ?

Je retourne sur le parking, leur voiture n'est plus là. Il faut que je voie Vincent avant de retourner quelque temps auprès de ma fille. Une aide-soignante est devant sa chambre.

« Bonjour, comment va-t-il ?

– Ça va aujourd'hui, madame Lambert… »

J'entre. Il fait chaud, Vincent a la joue gauche fort gonflée, il a les traits tirés. Il agite ses jambes, il cherche à s'endormir, il ne trouve pas le sommeil. Je ne le touche pas, surtout ne pas le fatiguer lorsqu'il est dans cet état d'inconfort. Je parle peu, chuchote presque.

Vincent a le regard trouble.

« Mon amour, même quand je ne suis pas là, je suis avec toi, je ne t'abandonne pas. Dors, petit cœur. Ferme les yeux. Dors, petit cœur. Repose-toi. »

Il tort ses mains, je fixe son annulaire gauche et sa bague. Cet anneau en argent qu'il porte depuis cinq ans à la place de son alliance.

« Tu te souviens, Vincent, le cadeau de ta première fête des Pères… »

Une alliance sur laquelle j'ai fait graver une phrase qui m'est chère : « Je t'espère. »

Chronologie

Septembre 2008. Vincent Lambert est hospitalisé au CHU de Châlons-en-Champagne après un accident de la route.

Fin 2012. L'équipe médicale observe chez Vincent Lambert des réactions faisant suspecter des signes d'inconfort, voire un refus de soins. Se pose alors la question de la pertinence des traitements et d'une éventuelle obstination déraisonnable : une réflexion est entamée.

10 avril 2013. Un protocole de fin de vie est engagé par le CHU, en accord avec Rachel Lambert, l'épouse de Vincent Lambert.

Mai 2013. Suite à une requête des parents, le tribunal administratif de Châlons-en-Champagne ordonne le rétablissement de l'alimentation artificielle du patient.

11 janvier 2014. Le CHU, après plusieurs mois de réflexion et deux conseils de famille, décide d'arrêter de nouveau la nutrition et l'hydratation artificielles. Deux jours plus tard, les parents saisissent à nouveau le tribunal.

16 janvier 2014. Le tribunal administratif de Châlons-en-Champagne se prononce contre la décision médicale. L'épouse, le CHU et le neveu de Vincent Lambert déposent un recours devant le Conseil d'État.

14 février 2014. Le Conseil d'État requiert une nouvelle expertise médicale de Vincent Lambert et les avis de l'Ordre national des médecins, du Comité consultatif national d'éthique, de l'Académie de médecine et de Jean Leonetti.

24 juin 2014. Le Conseil d'État juge la décision d'arrêt des traitements légale. Les parents saisissent la Cour européenne des droits de l'homme, qui suspend l'arrêt de la haute juridiction administrative.

Remerciements

Qu'ici chacune de ces personnes trouve l'expression de ma plus grande gratitude :

À ma sœur et son époux, pour leur présence indéfectible,

À mon père pour son soutien, à Martine pour sa patiente écoute,

À ma mère, pour son soutien,

À Catherine Berrier-Benoît, avec qui j'ai fait du chemin,

À Me Sara Nourdin, pour son professionnalisme et son engagement sans faille dans notre dossier, et qui n'a jamais ménagé ni son temps ni ses efforts,

À Me Fossier, pour sa détermination,

À Me Odent, pour son précieux travail au Conseil d'État,

À Noémie,

À chacun des membres de l'équipe du CHU de Reims passée et présente, pour leur humanité et les bons soins prodigués durant tant d'années à Vincent,

À celles qui se reconnaîtront, j'espère, et qui m'ont aidée et témoigné leur amitié, qu'elles sachent que je ne les oublie pas,

À toutes ces personnes qui ont croisé mon chemin et m'ont témoigné soutien et sympathie.

Tables des matières

La parole confisquée 15

PREMIÈRE PARTIE
La vie d'avant

Je t'adore… 33
Je te prends pour épouse 43
Notre nid 55
Je ne te remercierai jamais assez de m'avoir donné une si jolie petite fille 59
Votre mari a eu un accident 63
Il ne peut pas mourir… 67
Je suis là, Vincent… 73

DEUXIÈME PARTIE
La vie à son chevet

Ne vous inquiétez pas, madame… 81
Tu n'as qu'à le mettre sous tutelle ! 87
Ta voix tendre et sonore 91
Voilà ton papa 97
Nous ne ferons pas la fête ensemble 103

Il a levé la jambe ! 109
Non, on ne le réanime pas… 111
Seule 119
L'opération s'est bien passée 125
Une promesse que je ne peux pas te faire 133
Ils veulent que l'on reprenne le traitement 139
Les mages noirs en blouse blanche 147
Le ciel était avec moi 153
Ma dernière preuve d'amour. 159

TROISIÈME PARTIE
L'affaire Vincent Lambert

Un combat sans fin 165
C'est un acte d'amour ! 169
Ce n'est pas un malade ordinaire 177
Je suis madame Lambert 185
Nous sommes déboutés 193
Le CHU suivra… 197
Filature 205
En état végétatif 219
Se défendre 225
Je requiers l'arrêt des soins 231
Ce 24 juin 2014 241
Dors, petit cœur 247

Chronologie 251
Remerciements 253

Composition et mise en pages
Nord Compo à Villeneuve-d'Ascq

Impression réalisée par
CPI BRODARD ET TAUPIN
La Flèche

pour le compte des Éditions Fayard
en septembre 2014

PAPIER À BASE DE FIBRES CERTIFIÉES

Fayard s'engage pour l'environnement en réduisant l'empreinte carbone de ses livres. Celle de cet exemplaire est de :
0,650 kg éq. CO_2
Rendez-vous sur www.fayard-durable.fr

Imprimé en France
Dépôt légal : septembre 2014
N° d'impression : 3006533
53-57-6670-7/01